● 阜阳师范学院学术著作出版专项经费资助
● 区域物流规划与现代物流工程安徽省重点实验室　专项项目

产融集团系统发展的协同问题研究

魏　遥　著

合肥工业大学出版社

图书在版编目(CIP)数据

产融集团系统发展的协同问题研究/魏遥著．—合肥：合肥工业大学出版社，2012.5

ISBN 978-7-5650-0719-4

Ⅰ．①产… Ⅱ．①魏… Ⅲ．①企业集团—企业管理—研究 Ⅳ．①F276.4

中国版本图书馆 CIP 数据核字(2012)第 087219 号

产融集团系统发展的协同问题研究

魏　遥　著　　　　责任编辑　金　伟

出　版	合肥工业大学出版社	版　次	2012 年 5 月第 1 版
地　址	合肥市屯溪路 193 号	印　次	2012 年 5 月第 1 次印刷
邮　编	230009	开　本	710 毫米×1010 毫米　1/16
电　话	总编室：0551—2903038	印　张	10.25
	发行部：0551—2903198	字　数	187 千字
网　址	www.hfutpress.com.cn	印　刷	合肥星光印务有限责任公司
E-mail	hfutpress@163.com	发　行	全国新华书店

ISBN 978-7-5650-0719-4　　　　定价：27.00 元

目 录

第 1 章 绪 论

1.1 选题的背景及意义

1.1.1 选题背景

1. 产融集团模式的兴起与发展

产融集团是产业组织和金融组织之间资本和管理相互渗透、相互融合而生成的新型企业集团，是产业资本和金融资本相结合的债权模式向股权模式自组织协同演化的结果。20 世纪 90 年代以来，随着金融管制的放松和金融市场的开放，特别是随着信息技术的迅速提升及其在金融产业中的广泛应用，产业资本与金融资本相互融合的趋势日趋活跃，融合的形式也呈现出多样化特征。具有一定规模的产业资本，如美国的洛克菲勒集团、GE 集团，日本的三菱集团以及我国的海尔集团、德隆集团等纷纷通过参股或控股收购金融机构，或成立金融板块公司等形式，构建与自身产业发展特点相适应的产融集团。与此同时，以德国的德意志银行集团、美国的花旗银行集团和我国的中信集团为代表的金融资本也迅速向产业资本渗透，形成了金融资本和产业资本相互融合的产融型企业集团。

从目前产融集团发展的实践来看，其发展有三种典型模式：一是美国松散型的产融集团发展模式。这与美国发达的资本市场、相对分散的银行体系以及倾向于通过资本市场股权融资的企业制度密切相关。二是德国紧密型的产融集团发展模式。这种模式源于德国典型的全能银行主导型的金融体系。三是日本关系型的产融集团发展模式。这是由日本产业组织和金融机构相互持股的主银行制度的传统决定的。

近年来，我国一些有实力的产业资本为了做大做强的目标，也纷纷向金融领域进军，谋求占领金融高地的战略，形成了中国产融集团发展的独特模式。根据中国人民银行估计，我国约有 528 家非金融企业同时控股或参股了两类以上的金融机构，非金融企业类型的金融控股集团（即产融集团）有 57 家[1]。这些产融集团的形成主要表现在三个方面[2]：

一是由大型产业企业或企业集团演变而来，主要是大型的能源、交通、电力及钢铁等企业集团。国有企业主要以电力、能源、交通等垄断行业为主，如华能集团、中国航空集团公司、首都国际机场集团、东方集团、红塔集团、宝钢集团、山东电力集团、南方航空、东方航空以及中信集团、光大集团等；民营企业主要以资本雄厚的上市公司为主，如新希望集团、德隆集团等。

二是地方政府为调整地方国有经济布局、改组国有企业和资本运作组建而成。这类公司的典型代表包括首创集团、上海国际集团、上海联合投资有限公司、招商局集团、天津泰达投资控股有限公司、江苏国信资产管理集团公司、苏州国际发展集团、无锡国联发展集团、山东鲁能投资控股集团等。

三是由实业企业控股或参股金融机构而成。这类公司的典型代表有上海爱建集团、联大集团、深圳中金联合实业开发有限公司、包头绿远控股有限公司等。

从产融集团内部产业资本和金融资本的关系看，我国产融集团的发展主要有两种模式[3]：

一是产业资本通过参股或控股向金融资本渗透。这种模式始于 20 世纪 80 年代，产业资本与银行资本的结合是主要形式。近年来，以集团形式控股或参股券商，大企业集团收购及控股证券公司、信托公司和保险公司是产融集团发展的新特征。海尔集团是这种类型的典型代表，因此该模式可称为海尔模式。

二是产业企业自己设立商业银行、财务公司等金融板块公司。1992 年，首钢集团成立了华夏银行，拥有投资立项权、外贸自主权和资金融通权。华夏银行是产业资本向金融资本渗透的另一种模式，该模式可称为首钢模式。

表 1.1 列出了上海和江苏部分产融集团情况。由表 1.1 可知，当前我国已经有很多家企业同时参股两家或两家以上的金融机构，且其中很多持股比例已经超过金融机构总资产的 5%，成为了金融机构的大股东。虽然对金融机构还没有形成控股地位，还不符合产融集团的认定标准，但已经能够对金融机构施加重大影响，其渗透力和影响力不容忽视。

表1.1 上海、江苏部分产融集团情况[1]

名称	金融资产管理部门	参股、控股的金融机构	股权比例	对集团的利润贡献	占集团资产比重
宝钢集团	拟由投资管理公司统一管理	宝钢集团财务有限责任公司	97.8%	1.5%左右	7%
		华宝信托投资有限责任公司	98%		
		华宝兴业基金管理公司	67%		
		富成证券经纪有限公司	36.82%		
		太平洋保险(集团)股份公司	26.32%		
上海国有资产经营公司	资产经营部、战略投资部、公司重组部等分管	上海国际集团	47.1%	20%左右	28%
		国泰君安证券股份公司	23.81%		
		上海银行	8.29%		
		太平洋保险(集团)股份公司	10.29%		
		国泰基金公司	24%		
		申银万国证券股份公司	5.67%		
		中银国际证券有限公司	6%		
上海国际集团	没有独立部门统一管理	上海国际信托投资公司	66.33%	82.61%	62.83%
		上海证券有限公司	100%		
		上海浦东发展银行	30.84%		
		上海农村商业银行	15%		
		海际大和证券有限责任公司	66.67%		
		上投摩根富林明基金管理公司	51%		
		上海国利货币经纪公司	67%		
		上海国盛典当有限公司	55.56%		
上海联合投资有限公司	财务部和业务发展部负责联络和协调,主要由高管直接管理	上海商业银行	22.4%	4.35%	21.54%
		上海银行	3.52%		
		联泰大都会人寿保险有限公司	50%		
		上海东大保险经纪有限公司	7%		
		上海住房置业担保有限公司	5%		

（续表）

名称	金融资产管理部门	参股、控股的金融机构	股权比例	对集团的利润贡献	占集团资产比重
上海汽车集团	财务部管理	上海汽车集团财务有限公司	87.06%	4.6%	1.34%
		上海通用汽车金融有限公司	34.83%		
		安邦财产保险股份有限公司	20%		
上海电气集团	委托财务公司管理	上海电气集团财务有限公司	77.9%	NA	0.7%
		上海电气保险经纪有限公司	50%		
		上海金城期货经纪有限公司	85%		
		华安基金管理有限公司	20%		
苏州国际发展集团	资产管理部同时管理金融和实业	苏州信托投资有限公司	86.67%	80%	71.97%
		东吴证券有限责任公司	29.19%		
		苏州市商业银行	11.19%		
无锡国联发展集团	资产管理部管理	国联信托投资有限责任公司	65.85%	47.36%	35.03%
		国联证券有限责任公司	37.26%		
		国联期货经纪有限公司	66.67%		

综上所述，以产融结合的股权模式为特征的产融集团在全球已经成为不可阻挡的金融创新和产业创新的潮流，在我国也正是方兴未艾。总之，在经济全球化、金融综合化和产业融合化的背景下，产融集团的发展既是全球产业发展的客观要求，也是全球金融业发展的必然选择。从产业发展角度看，产业融合化、产业集群化、产业网络化、产业模块化的发展趋势要求产业边界的延展而进入金融业实现产融结合；从金融业角度看，银行全能化、全金融模式、全球金融模式趋同化等发展趋势也要求金融业制度创新而进入产业实现产融结合。

2. 协同发展是产融集团发展的核心问题

产融集团通过产融结合可以实现产业资本和金融资本之间的资源共享和互补，达到结合后整体价值大于各成员机构独立经营时价值的综合效应，即协同效应。但如果产业资本和金融资本资源协同失范，则可能带来关联交易风险、利益冲突风险、股东控制权风险以及风险传染和外溢等负协同效应。

由此可见，产融集团的组织优势特别是其信息优势、资源整合优势和关联交易优势以及内部资本市场优势是一把双刃剑，产融集团蕴藏着特殊而复杂的风险。其特殊性主要体现为产业资本和金融资本集团化后产生的内源性运营风险，主要包括控股股东掏空的道德风险、管理协同失衡的利益冲突风险、内部人控制的关联交易风险、项目投资和经营不善造成的声誉传染风险等在内的特殊性风险。其复杂性主要体现在三个方面：一是产融集团系统组织结构的复杂性。在产融集团复杂的、多层次的组织架构下，多个独立成员单位内部关系错综复杂，过度关联交易的杠杆效应将导致严重的潜在利益冲突风险、控股股东的道德风险以及系统内部风险的传染性与外溢性。二是产融集团整体层面风险管理的复杂性。产融集团涵盖了不同风险收益属性的业务，这些不同风险收益属性业务的结合使得产融集团的风险管理，尤其是整体层面的风险管理更为复杂。三是产融集团监管的复杂性。传统机构监管在监管目标、标准和范围上的诸多差异，使得产融集团的监管面临着如监管真空、监管重叠、监管套利等诸多挑战；产融集团内各子公司会计制度的不同，也增加了控制和监管的难度，容易带来监管盲区。

我国产融集团发展现状表明：我国产融集团的成因是市场融资困境的驱使，而非产业战略发展的驱动。因此，产融结合的过程中，产业资本和金融资本的机会主义动机成为了我国产融集团形成与发展的起点。所以，我国产融集团发展只是体现了形式结合而未能真正实现产业和金融业的功能整合，未发挥产融结合的战略协同、管理协同、经营协同和财务协同等协同效应，更未能实现产业资本、金融资本和人力资本的要素协同。协同机制的缺失导致协同风险的滋生与扩散，不仅无法产生协同效应或协同价值，反而会形成内耗，拖累整个产融集团的良性发展。德隆集团就是因为没有准确把握长、中、短期投资组合的节奏而造成了短贷长投的资金链条的断裂，且其产业和金融业的内容及组合无法形成协同和互补，金融机构的存在不但不能起互补作用，反而起到了逆向调节的功能，即金融机构对德隆的资金输送在经济泡沫之时加速了德隆产业的急剧扩张，而在经济紧缩之时加剧了德隆集团的资金困境，最终致使德隆集团因盲目扩张中突然的资金链条断裂而轰然倒塌[4]。

由此可见，协同运行和协同管理成了我国产融集团良性发展的关键和核心问题。如何识别和评价产融集团发展的协同机理、协同效应和协同风险，如何使产融集团协同运行，并通过协同管理使产融集团能产生协同效应，成了业界和理论界共同关注的焦点问题，这也是本书选题的初衷。

1.1.2 选题意义

现有国外研究都把产融集团发展看作一个客观存在的现实而很少研究，仅仅集中于金融控股集团的研究，这与我国的产融集团发展的本质有相当的差距。国内的研究多是从现象描述的角度对产融集团发展和产融结合这一现象进行解读，或经验介绍、或从政治经济学的角度进行宏观解说，而很少从微观管理学的角度关注产融集团化后的要素整合与协同管理及其对企业核心竞争力的影响，结论和政策建议也有“头痛医脚”之嫌。同时由于产融集团系统作为复杂的社会系统，人们对其复杂协同工作的机理还不是很明确，因此，现有研究缺乏对产融集团发展的生成机制和协同运行机制进行深入的理论研究，对产融集团发展的协同机理、协同效应和协同风险缺乏动态的研究，对产融集团发展的协同效应评价机制、协同风险控制机制等问题也关注不够。

基于此，本书运用研究系统协同工作的经典理论——协同学理论来研究作为复杂社会系统的产融集团系统。在对产融集团系统理论界定的基础上，运用协同学理论对我国产融集团系统的协同学特性、协同机理、协同效应和协同风险等问题进行研究。这既是对产业组织理论和管理科学的发展，同时对于推进我国产融集团的协同发展也具有重要的指导价值和现实意义。

从理论意义而言，本书对产融集团系统概念的理论界定，实现了产融集团的分析框架从宏观经济学向微观管理学转移，从金融学向产业组织理论转移；其次，本书将协同学理论及其模型引入产融集团协同发展的研究，填补了对产融集团系统研究的空白，推进了协同学理论在社会复杂系统分析方面的发展；再次，本书构建了一个完整的产融集团系统协同发展理论研究体系，具体包括产融集团系统协同特性研究、协同机理研究、协同效应研究和协同风险研究的分析框架。

从现实意义而言，本书通过对产融集团系统协同发展特性的系统论证，对提高我国产融集团系统协同发展能力，实现产融集团系统的良性运行具有积极的推动作用；对产融集团系统协同效应的实现、识别和评价分析，以及对产融集团系统风险及其加总和协同管理的研究，对处于成长阶段的我国产融集团的协同发展和风险控制都具有一定指导意义。

1.2 国内外研究现状及评价

由于对产融集团的说法不统一，因此，国内外关于产融集团的研究资料也不尽相同。在国外，与产融集团相关的说法很多，如金融集团、企业集团、工业金融集团、金融控股公司等；在国内，有的称为产融型企业集团[5]，有的称为类金融控股企业集团[3-4]，但最一般的是称为产融结合。本书认为，我国的产融集团和美国的金融控股公司不同，后者主要是以某一金融机构为主体的涉及银行、证券、保险等金融业务的小混业集团，而前者则是以产业机构为主体的既涉及银行、证券、保险等金融业务，又涉及工商企业业务的大混业集团；比较而言，我国产融集团与日本的企业集团更为接近[6]。关于产融结合的说法，本书认为不是很准确，因为产融结合有很多模式，比如债权模式、股权模式、信托模式、金融租赁模式等，把仅仅研究产业资本和金融资本股权结合模式称为产融结合，既缩小了产融结合的外延，又混淆了产融结合的债权模式和股权模式内涵。本书研究的产融集团系统仅仅是指以股权模式相结合的产融型企业集团。

当我们试图以微观管理和系统科学的视野来研究产融集团系统的发展时，现有文献中很难找到有深度的分析，产融集团系统尚未被正式纳入产业组织和系统管理理论的研究范围，而仅仅是从宏观金融学或政治经济学角度来解读产融集团的形成与发展。现将有关产融集团的研究文献做一个简要回顾。

1.2.1 国外研究现状

国外关于产融集团的理论研究，大致可划分为传统产融集团发展理论和现代产融集团发展理论。传统产融集团发展理论认为，产融结合是一种金融资源配置方式和经济增长方式，主要是从宏观层面上研究虚拟资本与实体资本的对立统一关系及产融集团的经济效应。其理论包括金融资本理论和金融控制理论。前者主要围绕资本的集中与垄断进行研究，着重关注产融集团的负面效应，而对其提升企业核心竞争力和促进一国经济增长的正面效应重视不够[7-8]；后者主要围绕集团内部的权力结构、支配和控制进行研究，着重关注产融集团内部的负面竞争效应，而对其资源整合、战略协调、发展协作的协同效应关注较少[9]。

现代产融集团发展理论主要是以一种现象解释的方式，论证产业资本向金融资本渗透的经济动因。信息不对称理论认为，产业资本和金融资本之间的信息不对称是产融结合的前提条件[10-11]；交易费用理论认为，产融结合可以减少融资的交易费用[12]；后发优势理论认为，产融结合是后发展国家早期工业化资本形成和资本积累的有效机制[13-14]；企业多元化理论认为，产融结合是体制环境的差异性导致企业经营多元化的必然结果，是企业提高其核心竞争力的更好选择[15]；产业组织创新理论认为，产融结合是金融创新和产业创新的一种动态演化过程和演化结果[16]。这些研究只分析了产融集团系统形成的原因和动机，而对其集团化后的协同发展的机理、绩效和风险缺乏深入研究。

其实证研究主要体现在四个方面：一是以 Menkhoff&Tolksdorf 为代表的金融系统演变、比较金融系统等问题的研究，核心是美国松散型发展模式、德国紧密型发展模式和日本关系型发展模式的比较、演化与发展研究[17-18]；二是以 Li Stan Xiao&Greenwood 为代表的金融控股集团发展的实证研究，核心是治理结构、多元化经营和利益冲突以及内部资本市场及其对产融集团绩效的效应和影响研究[19-22]；三是以 Ansoff，H. I 为代表的产融集团系统发展的协同效应研究，核心是多元化协同效应的实现、识别和评价及其在企业发展战略中的应用研究[110]；四是以 Andrew Kuritzkes 等人为代表的产融集团发展的风险研究，核心是多元化金融集团的市场挑战、溢价效应以及风险管理等问题研究[131]。现有研究多是一种宏观金融的研究，属于金融学的研究范畴；渗透到产融集团内部、从微观管理的角度对其内部子系统协同运行和协同管理的研究刚刚起步；且现有国外研究都把产融结合看作一个客观存在的现实而很少研究，仅仅集中于金融控股集团的研究，这与我国的产融集团发展的本质有相当的差距。

1.2.2 国内研究现状

1. 关于产融集团发展的理论研究

关于产融集团发展的理论研究主要包括产融结合的理论基础和动机、产融结合的经济效应与机制及结合条件等方面的研究。谢杭生（2000）、黄明（2000）认为，产融集团是产业资本和金融资本在一定制度结构中职能结合的制度重构[23-24]；郑文平等（2002）提出，中国产融结合的机制应该是以资本市场为基础的市场定位和市场模式，资本证券化是其结合的纽带[25]；许天信等（2003）的研究表明，产融集团是资本追求利润最大化和多元化经营的必然结果，产融结合能够降低银行和企业的交易费用、消除信息不对称，从而提高交易效率、增强资本积累能力，最终促进经济增长[26]；王辰华（2004）从正反两方面论证了产融结合的经济效应，正的效应主要有资源配置效应、规模经济效应、公司治理效应和银企协同效应，负的效应主要包括泡沫经济效应、金融异化效应、资金放大效应和风险扩散效应[27]；徐丹丹（2006）则从产融结合的发展阶段、模式构建、制度约束和安排角度对国有商业银行的产融结合问题进行了一般理论分析，研究了商业银行与产业集团的协调和联动[28]。

2. 关于产融集团发展的实证研究

关于产融集团发展的实证研究主要是产融集团发展的融合路径、发展模式、国际比较及其有效性的实证研究。傅艳（2003）从广义角度定义了产融集团的含义，以产融结合的模式选择为内容论述了我国产融结合的发展方向和有效性[29]；赵文广（2004）的研究是目前国内少有的从微观管理学角度对产融集团进行研究的著作，该研究从资源观、产业供应链角度分析了我国企业集团产融结合的路径和发展模式，论证了产融集团发展的理论与实践[30]；张庆亮等（2005）从实证角度对美国、日本、德国的产融集合和企业集团进行了研究，并就我国产融集团的发展与上述三国的模式进行了比较分析[31]；张庆亮等（2007）又进一步从经营绩效角度就我国产融结合有效性进行了定量分析，得出我国产融结合总体上有效性不显著并存在大量无效性和负效应的基本结论[32]。李格森（2004）和常勇（2007）利用证券市场的数据对我国产融集团发展进行的实证研究也得出了基本相似的结论[33－34]。

3. 关于产融集团发展的风险研究

关于产融集团发展的风险研究主要包括产融集团发展的风险形式、风险原因以及风险防范等方面的一般性研究。孔凡宝（2005）利用 George A. Akerlof 的“掠夺”模型分析了产业资本渗透金融资本的具体原因，揭示了其可能对金融体系构成的威胁和风险，并针对金融风险监管存在的问题提出了政策性建议[35]；陈燕玲（2005）在分析了产融结合的投资组合风险、内部交易风险、财务杠杆风险、利益冲突风险和行为道德风险的基础上，提出了防范产融结合风险的对策[36]；凌峻（2005）从战略管理角度论述了产业如何通过进入金融业来支持产业部门的运作，如何管理金融衍生品交易，并在此基础上探讨了产融集团的风险管理[37]；孙烽（2005）从控制环境、组织架构、技术方法三个方面对我国国有金融控股集团风险管理系统进行了规划和设计[38]；康华平（2006）以金融控股公司为研究对象，论述了产融集团的风险成因，研究了公司治理结构、内部风险管理体系、外部监管模式和市场准入标准与产融集团风险传递、风险控制之间的关系,从而提出了金融"防火墙"的风险隔离机制[39];阮永平(2007)针对金融控股集团的道德风险、关联交易风险、利益冲突风险等问题,分析了金融控股集团的风险传染和风险控制,最终提出了我国金融控股集团监管的内容、模式和技术[40];杨新臣(2008)基于国际视野研究了中国金融集团一般风险、特殊风险和中国特色制度风险的模型、技术和管理,构建了金融集团全面风险管理体系[41];南开大学虚拟经济与管理研究中心的"类金融控股企业集团监管课题组"(2008)则直接以德隆集团危机事件为例研究产融集团的风险类型、风险控制及其监管,并从风险控制和监管的角度提出了促进我国产融集团健康发展的对策[3]。

4. 关于产融集团发展的有效性研究

伴随着2004年德隆集团的轰然倒塌,我国产融集团的发展也进入了一个缓慢发展的低潮期。理论界、业界和监管部门对产融集团的发展进行深刻反思,产融集团发展的协同价值和协同风险引发了诸多争论。以郎咸平为代表的学者也对产融集团发展的有效性提出了质疑,认为世界产融结合的典范——GE不过是韦尔奇制造的一大堆金融泡沫,并极大地加剧了产融集团的风险[42];国内以德隆集团为代表的产融集团的发展则是我国企业发展战略的思维误区,最终形成了产融结合的资金黑洞[4]。赵文广则认为[30,43],GE集团产业与金融结合的发展模式,不仅为其利益相关者创造了最大价值,而且也为我们提供了一个产业资本与金融资本结合的成功典范;并从资源匹配、产业价值链等微观角度分析了我国企业集团产融结合的路径和发展模式,论证了产融集团发展的理论与实践。与此同时,以张瑞敏为代表的实业家则对产融结合的产融集团模式情有独钟,希望并实践着走出一条产融结合的新路。

1.2.3 协同学理论及其在经济管理方面的应用研究现状

近年来,协同学理论[44-47]逐步从物理学、光学和化学等自然科学的研究领域运用于社会学、管理学、经济学等学科中关于系统有序与无序、自组织与他组织、竞争与共生、演化与协同的研究。国内代表性著作主要有:吴大进(1990)的《协同学原理及其应用》[48],曾健、张一方(2000)的《社会协同学》[49]等。

在经济管理领域,协同学理论的应用可以说是方兴未艾。著作主要有:潘开灵、白烈湖(2006)的《管理协同理论及其应用》[50],王传民(2006)的《县域经济产业协同发展模式研究》[51],王谦(2006)的《中国企业跨国并购协同问题研究》[52],邹辉霞(2007)的《供应链协同管理理论与方法》[53]等。论文主要有:陈航(2005)研究了渤海湾港口群的协同发展问题[54];王自强研究了管理协同的核心要素问题[55];陈莉平(2005)研究了基于协同效应提升企业的竞争力问题[56];周建松(2005)以浙江省为例研究了民营经济与地方商业银行的协同发展问题[57];靳景玉、刘朝明(2006)基于协同学理论研究了城市联盟的动力机制[58];孙学森(2006)对协同学理论在金属矿业系统协同发展中的应用进行了研究[59];许旭东(2006)对协同学理论在宝钢非钢业务重组中的应用进行了研究[60];周琳(2006)研究了企业并购过程中资源协同运行的机理[61]等。

1.2.4 文献评价

现有文献表明,国外关于产融集团的研究仅仅是一种宏观金融的研究,属于金融学的研究范畴,而没有渗透到产融集团内部,从微观管理学的角度分析产融集团内部各子系统的协同运行和协同管理。而且,现有国外研究都把产融集团发展看作一个客观存在的现实而很少研究,仅仅集中于金融控股集团的研究,这与我国的产融集团发展的本质有相当的差距。

目前国内对产融集团的研究存在以下几个问题:一是研究多是产融集团发展的一般理论解读,少有对产融集团的生成演化、协同发展的规范性分析;二是研究多是产融集团发展的定性描述,少有对产融集团发展的模型分析和定量分析;三是研究多是从金融经济学角度研究产融集团发展问题,很少有把产融集团发展看作一个产业演化和管理协同的现象而从产业组织管理角度研究产融集团发展;四是产融集团协同效应一般性描述的较多,而对其识别和评价的研究较为缺乏;五是产融集团协同风险的研究主要分析了一般性风险,而对产融结合后的特殊性风险研究尚显薄弱,未能真正把握产融集团系统风险的本质,因此,风险控制对策仅仅处于一般性描述,尚缺乏针对性和操作性。

虽然协同学理论在经济管理及社会系统中已经得到了广泛运用,并给我们提供了利用协同学分析社会问题的方法和思路,但由于产融集团系统作为复杂的社会系统,人们对其复杂协同工作的机理还不是很明确,因此,协同学理论在产融集团的理论和实证研究中还没有看到相关的运用。基于此,本书研究试图把协同学理论应用于产融集团系统的演化、发展和风险控制的研究,利用模糊综合评价模型(F－AHP)分析我国产融集团协同效应指数,并在产融集团系统风险分析的基础上构建风险的协同管理框架,试图拓展协同学理论的应用领域和产融集团系统发展的研究思路。

1.3 研究路径、框架和主要内容

1.3.1 研究路径与基本框架

本书遵循提出问题→分析问题→解决问题的研究思路，在借鉴和参考已有的对产融集团进行研究的基础上，运用经济学、管理学、协同学等有关理论，从产融集团系统的协同特性入手，建立系统自组织演化模型和协同能力自组织运动模型来研究产融集团协同发展机理；运用模糊综合评价模型和相关指标来分析产融集团协同效应的识别和评价；运用经济资本模型分析我国产融集团系统风险的加总和度量，并在此基础上探讨产融集团系统风险的协同管理。由此可把本书基本研究路径概括为：产融集团系统的理论界定→产融集团系统的协同特性→产融集团系统发展的协同机理→产融集团系统发展的协同效应→产融集团系统发展的协同风险。其中，以协同学的自组织理论及其模型为产融集团系统协同发展研究的主线；以探讨产融集团系统自组织生成演化及其协同能力运动、产融集团系统协同效应的识别和评价、产融集团系统风险加总和协同管理等作为本书的研究重点。

概括起来，本书基本框架共分四部分：第一部分是关于产融集团系统的理论界定及其协同特性研究。主要分析了产融集团系统的概念界定、系统要素及其相关关系，产融集团系统的协同特性，产融集团系统协同发展的内容和机制。第二部分是关于产融集团系统发展的协同机理研究，包括产融集团系统生成的动力机制、产融集团系统生成的过程机制和产融集团系统协同发展能力的演化机制。其中，我们又从三个角度来研究产融集团系统生成的过程机制，即产融集团系统生成的自组织演化过程、演化博弈过程和基于Brusselator模型的产融集团系统生成过程。第三部分是关于产融集团系统发展的协同效应研究。主要研究了产融集团系统的协同效应的来源和实现机制，产融集团系统协同效应的类型和识别体系，以及基于识别体系上的产融集团系统协同效应的模糊综合评价模型。第四部分是关于产融集团系统发展的协同风险问题研究，主要探讨了产融集团系统发展的一般性风险和特殊性风险以及产融集团系统风险的加总和度量问题，并尝试着从集团系统风险的空间结构和管理流程两个角度构建产融集团系统风险的协同管理框架体系等。

基于上述研究路径，本书试图构建一个完整而严谨的产融集团系统协同发展理论研究框架(见图1.1)

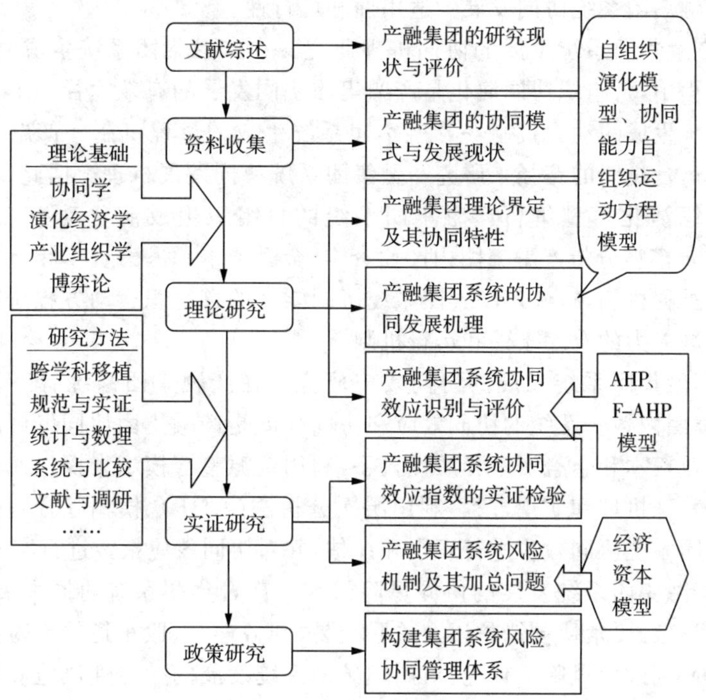

图1.1 本研究的基本框架

1.3.2 主要研究内容

产融集团是产业组织和金融组织之间资本和管理相互渗透、相互融合而生成的新型企业集团，是产融结合的债权模式向股权模式自组织演化的动态均衡。产融集团通过自组织和他组织策略将多个产业和金融业结合在一起，构成了有多个子系统相融合的产融系统。产融系统内部各子系统之间通过自组织和他组织的非线性相互作用产生协同效应，促使系统从非组织状态到组织状态、从组织无序状态到组织有序状态。围绕产融集团系统发展中的协同机理、协同效应和协同风险，本书主要针对以下问题进行探讨：

(1)产融集团系统及其协同特性。在对协同学理论概述的基础上，对我国产融集团系统进行理论界定，并描述构成集团系统的各要素子系统及其相关关系；在此基础上，探讨产融集团系统的协同特性，尤其是自组织特性和序参量特性；概述说明产融集团系统协同发展的内容和机制，旨在说明协同学理论应用于我国产融集团系统协同发展的适用性和可行性。

(2)产融集团系统发展的协同机理研究。在产融集团系统生成演化、协同发展的过程中，自组织协同演化是产融集团协同发展的有效途径。本书沿着产融集团系统生成的动力机制→产融集团系统生成的过程机制→产融集团系统协同能力运行机制的路径来研究产融集团系统协同发展机理。据此，本书尝试构建自组织演化模型解析产融集团系统的自组织生成演化动力机制，构建Brusselator模型分析产融集团内产业资本、金融资本和人力资本相互作用的自组织演化过程机制，构建产融集团系统协同能力的自组织运动方程研究产融集团协同发展能力的有序条件和运行机制。

(3)产融集团系统发展的协同效应研究。在产融集团系统有序发展过程中，产融集团内各子系统的协同效应和协同程度是产融集团协同发展的根本标准。从产业资本和金融资本异质性入手，利用资源整合模型来探讨产融集团协同效应的特殊机理和实现过程；利用层次分析法(AHP)、模糊综合判断法对我国产融集团系统协同效应进行识别和评估，并对协同效应指数进行实证研究。

(4)产融集团系统发展的协同风险研究。产融集团系统协同发展过程中，资源整合失效、要素协同错位以及关联交易、利益冲突、股东道德风险都有可能会引致负协同效应风险。首先，对产融集团系统发展的一般性风险和特殊性风险进行理论分析；其次，构建基于风险加总和度量的产融集团协同风险的经济资本模型，并在此基础上研究产融集团协同风险的影响因素和控制机制；最终，尝试构建产融集团系统风险的协同管理框架体系。

1.4 研究方法、关键问题和特色创新

1.4.1 研究方法

本研究在运用协同学理论分析我国产融集团系统协同特性及其发展的协同机理、协同效应、协同风险的过程中，针对不同的问题和要求，分别运用了不同的研究方法：

(1)跨学科移植综合分析。本书以协同学、演化经济学、博弈论为主要方法

研究和揭示产融集团系统协同演化的内在机理，将金融经济学、系统科学及其模型等学科的前沿理论、方法交叉运用与融合，体现出方法运用的综合性、交叉性和边缘性特点。

(2)规范分析和实证分析相结合。本书在分析产融集团系统发展的协同机理时，利用自组织演化模型、Brusselator 模型、协同能力组织运动方程模型对我国产融集团动态演化的动力机制、过程机制和协同能力机制进行规范性研究；在分析产融集团系统发展的协同效应时，建立指标体系和模型，利用模糊综合评价模型(F－AHP)来实证研究产融集团系统协同效应的识别和评价及其协同效应指数的检验。

(3)系统分析和比较分析方法。本书将产融集团系统看作一个复杂巨系统，研究其内部组织结构及各子系统之间的相干作用，并对我国产融集团系统与独立金融机构或产业组织的一般性风险和特殊性风险进行了比较分析。

此外，为提高课题研究的理论和实践价值，还采用了统计分析和数理分析相结合、文献阅读和实际调研相结合、宏观分析和微观分析相结合等多种研究技术。

1.4.2 解决的关键问题

通过本书的研究，主要解决以下关键问题：

(1)产融集团系统协同发展机理的模型构建。在对产融集团系统演化机制的分析上，如何把握产融集团系统的动力机制和序参量，如何描述产融集团系统自组织演化的有序度；产融结合后产业资本、金融资本和人力资本等资源如何相互作用而走向协同有序；产融系统协同发展能力如何提升和演化，以促使产融集团系统从无序走向有序。

(2)产融集团系统协同效应的识别与评价。如何通过演化经济学和资源整合模型分析产融集团系统协同效应的产生机理；如何评估产融集团协同的协同效应指数；如何检验产融结合的有效性和绩效性等。

(3)产融集团系统风险的加总与协同管理。如何看待产融结合后协同价值与风险，如何把握在产融结合基础上风险类型、风险传染、风险加总的特殊性，以利于构建产融集团系统风险的协同管理框架体系。

1.4.3 特色创新

(1)研究视角新颖。本书选择系统协同学的视角，将产融集团看作一个由产业资本和金融资本的股权融合的复杂巨系统，并从微观管理学的角度研究产融集团系统发展的协同机理、协同效应和协同风险，这不仅是协同学理论的成功扩展，也给我国产融集团系统的协同发展以宝贵的启发和指导。

(2)研究内容创新。本书运用协同学的自组织演化模型、Brusselator 模型和协同能力自组织模型研究我国产融集团系统生成演化的动力机制、过程机制和协同能力机制，构建了我国产融集团协同发展机理的理论框架；其次，提出了产融集团系统协同效应特殊的实现机制，构建了我国产融集团系统协同效应的识别和评价模型并做了实证检验；再次，解析了产融集团系统的一般性风险和特殊性风险，提出了集团系统风险加总和度量的经济资本模型，并在此基础上构建了产融集团系统风险协同管理的框架体系。

(3)研究方法的综合性。本书以协同学、演化经济学、产业组织学和博弈论为主要方法研究和揭示产融集团的协同演化的内在机理，又将金融经济学、系统科学及其模型等学科的前沿理论、方法交叉运用与融合，体现出理论运用的综合性、交叉性和边缘性特点，这使得该课题的研究具有相当的创新性。

1.5 本章小结

本章是本书研究展开的基础，主要解决了以下几个问题：一是明确了选择产融集团系统发展的协同问题作为研究选题的背景和意义，讨论了产融集团的兴起及其发展模式，提出了协同发展是产融集团系统发展的核心问题的基本论断。二是对国内外关于产融集团系统发展研究的文献进行了述评，研究发现，现有产融集团的研究文献中很难找到有深度的研究，产融集团系统尚未被正式纳入产业组织和系统管理理论的研究范围，而仅仅是从宏观金融学或政治经济学角度来解读产融集团的形成与发展。三是讨论了本书的研究意义。就理论意义而言，一方面是本书将协同学理论及其模型引入产融集团系统协同发展的研究，推进了协同学理论在社会系统分析方面的发展；另一方面是构建一个完整的产融集团系统发展的协同问题研究的理论体系。就现实意义而言，本书关于产融集团系统发展中的协同特性、协同机理、协同效应和协同风险的研究对我国产融集团的良性运行和健康发展具有一定的指导意义。四是概述了本书的研究框架和主要研究内容：产融集团系统的理论界定及其协同特性分析；产融集团系统发展中的三大协同问题研究，即协同机理研究、协同效应研究和协同风险研究。五是提出了本书的研究特色创新和研究方法。

第2章 产融集团系统及其协同特性

协同学(Synergetics)是20世纪70年代以来在概率论、信息论、随机论等多学科研究基础上逐步形成和发展起来的一门新兴横断学科。其创始人是德国斯图加特大学的物理学教授赫尔曼·哈肯(Hermann Haken)。协同学理论研究复杂的开放系统内各子系统如何协同运动,系统如何从无序到有序转变的规律和特征。在具有协同性质的系统中,序参量支配着各子系统的行为。良性序参量在自组织的作用下促使系统趋向协同,不良序参量则促使系统趋向分立。协同学及其序参量、自组织等概念对我们研究系统的运行规律给予了诸多启迪。本章在对协同学理论概述的基础上,从系统科学角度对产融集团系统的系统要素及其相关关系进行描述,并对产融集团系统的协同特性进行分析,最后提出产融集团系统协同发展的内容和机制,旨在说明协同学理论应用于产融集团系统协同发展研究的适用性和可行性,为后文探寻产融集团系统协同发展提供理论基础和理论依据。

2.1 协同学理论的基本概述

2.1.1 协同学的基本观点

协同学一词来源于希腊文,意思是"协同作用的科学"[47],主要研究远离平衡态的开放系统在有与外界进行物质或能量交换的情况下,如何通过自己内部协同作用,自发地出现时间、空间和功能上有序结构的理论。

哈肯在1971年《协同学:一门协作的科学》一文中首次提出协同学的概念,认为自然界的各个系统间存在着相互影响而又合作的关系,同时存在着一系列不稳定或稳定的相互转换,而且截然不同的系统都是由同样类型的序参量方程所支配。1976 年出版《协同学导论》一书，哈肯运用突变理论的成果，吸取平衡相变理论的序参量概念和绝热消去的原理，采用概率论、随机理论建立起序参量演化的主方程，系统地论述了协同理论[62]。

协同学的中心议题是探索存在于支配生物界和非生物界及一般系统的宏观结构及功能的自组织形成过程和协作演化的普遍原理[63]。其基本观点主要有以下几个方面[64]：

第一，协同学研究的对象是由大量子系统构成的开放系统，系统相变是在外部控制参量变化到某一临界点时，由系统内部各子系统的协同或相干作用实现。哈肯研究发现，系统从无序走向有序不在于它是否处于平衡态或非平衡态，也不在于它距离平衡态有多远，关键在于系统内部各子系统相互关联的协同作用。只要系统内部各子系统之间出现相互关联的协同效应，系统即可发生从无序到有序的转变。

第二，在临界点附近，系统可自发产生少数几个序参量，它们役使或支配着系统从无序到有序的转变。协同学理论认为，虽然由大量子系统构成的复杂巨系统有很多状态变量，但是对系统相变起决定作用的状态变量只有一个或少数几个，这个影响系统有序度的关键变量就是序参量。

第三，涨落是系统相变过程中系统有序演化的动力机制。协同学理论认为，大量子系统的自由度很大，系统内部或外部环境的涨落是不可避免且客观存在。尤其在系统变化达到临界点时，原来彼此独立的涨落在序参量的作用下发生相干效应，由微涨落演化成巨涨落，驱使系统从一种状态变化到另一种新的、更高的有序状态。

2.1.2 协同学的基本概念

协同学在形成和发展过程中，引用了一些已知的概念，并加以推广，创造了一些新的概念。主要有：

1. 序参量和控制参量

序参量是描述系统宏观有序度的参量。影响系统有序的关键因素称为“序参量”，非关键因素为控制参量。相变出现前，子系统之间的关联受控制参量影响，系统呈现无序状态；当控制参量不断变化到阀值时系统越过临界点，子系统之间的关联程度受序参量影响，形成子系统之间的协同运动和有序状态。

序参量具有一些基本特征：(1)序参量是宏观参量，仅从微观层次的参量无法了解复杂巨系统的宏观行为。(2)序参量是微观子系统集体运动的产物以及协同效应的表征和度量。序参量来源于子系统的协同合作，没有合作关系就无法形成序参量；当系统接近临界点时，子系统间产生相干作用，形成协同关系，促使序参量形成。(3)序参量来源于子系统的协同合作，同时又支配子系统行为，决定整个系统的有序结构和功能行为，主宰系统的整体演化过程。序参量支配子系统，子系统服从于序参量以及序参量之间的竞争与合作，生动地描述了系统中非平衡相变的过程，而这一过程正是系统的自组织生成和演化过程。

2. 自组织和他组织

组织过程是系统发生质变的过程，是系统有序度增加的过程。这一组织化过程分为两种：自组织和他组织。自组织是系统在没有任何外部指令或外力干预的情况下自发地形成一定结构和功能的过程和现象[45]。而他组织强调系统的组织行为和演化过程按照外界组织者的目的、意愿进行，在外界组织者的设计、安排和协调下，系统完成组织化行为，实现组织有序结构[65]。

自组织理论是协同学的核心理论，序参量是通过自组织状态来维持的，系统有序结构是通过自组织方式形成的。自组织用序参量来描述一个系统宏观有序的程度，序参量之间的协同合作与竞争决定着系统从无序到有序的深化过程。协同学还认为，可以采用他组织的方式，对影响系统自组织的序参量施加外部压力影响，即通过改变对序参量的协同竞争起导向作用的控制参量，来改变自组织状态，促使系统达成有序状态或结构。

哈肯协同学语境中的自组织包含三个过程[66]：第一，由无组织到有组织的过程演化。这一过程是从无序状态到有序状态的演化，意味着组织的起源或生成，研究的是组织起点和临界问题。第二，由组织低有序度到组织高有序度的过程演化。这一过程是有序程度通过跃迁得以提升的过程，研究的是组织复杂性和协调度的问题。第三，在相同组织层次上由简单到复杂的过程演化。这一过程标志着系统组织结构与功能在相同层次上从简单到复杂的水平增长和管理协同。

3. 快变量和慢变量

在系统自组织有序化过程中，系统的稳定性受到两类变量的影响：一类变量在系统受到干扰而产生不稳定时，总是企图使系统重新回到稳定状态，这种变量起了一种类似阻尼的作用，并且衰减很快，对系统的演化过程、临界特征和发展前途不起明显作用，这类变量称为快弛豫参量，也叫快变量；另一类变量在系统受到干扰产生不稳定时，总是使系统离开稳定状态走向非稳定状态，这种变量在系统处于稳定和非稳定的临界区时，表现出一种无阻尼现象，并且衰减很慢，对系统演化的速度和过程从始至终起到关键性作用，这类变量称为慢弛豫参量，也叫慢变量。

在系统从稳定态向非稳定态演化的过程中，慢变量起了决定性作用，而当系统达到不稳定状态时，只有在快变量的作用下才能使系统达到一个新的稳定状态。如果原来的稳定态是一个无序状态，那么这个新的稳定态就意味着有序状态的产生和形成；如果原来的稳定态已经是一个有序状态，那么新的稳定态就意味着更新的有序状态的出现，意味着系统的进化和跃迁。伴随着这种有序结构的产生、发展，两类变量相互影响、相互作用，表现出一种协同运动，这种协同运动在宏观上表现为系统的自组织现象。

4. 涨落和协同力学

复杂系统中子系统的独立运动及相互间的局部耦合，加上环境条件的随机波动等，都反映在系统宏观量的瞬时值经常会偏离它的平均值而出现的起伏上，这种起伏就是涨落。由于随机涨落的存在，役使一些子系统"涨起"，在获取资源上具有优势；另一些子系统"落伏"，在获取资源上处于劣势。涨落既是对处在平衡态上系统的破坏，又是维持系统在稳定的平衡态上的动力。在系统发生相变的临界区域附近，原来的定态解失稳，但系统不会自动离开定态解，只有涨落才使系统偏离定态解，偏离范围不论多少，只要有偏离就会使系统演化到新的定态解上；而且在临界点处，非线性作用的关联放大效应促使微涨落演化为巨涨落，系统以正反馈方式形成了序参量，并由这样的序参量役使系统其他参量主宰系统演化发展的方向和模式[65]。

在系统随机涨落过程中，系统的瞬间状态受序参量和控制参量的影响形成多维的"相空间"。系统随时间的变化即表现为系统状态节点在"相空间"的移动，系统从无序走向有序则表现为"相空间"的目标。系统的这一演化过程就是系统协同力学原理，即系统的从无序到有序的演化是系统序参量和控制参量在自组织和他组织的协同力学的催化下逐步走向"相空间"目标的过程。在这一自组织有序化过程中，系统的自组织程度或协调度不断增强，系统的耦合程度和有序程度进而系统绩效和协同管理有效性逐步跃迁和提升。

2.1.3 协同学的基本原理

哈肯在《高等协同学》前言中把协同学的基本原理概括为三个[62]：即不稳定性原理、序参量原理和支配（侍服、役使）原理，认为这三个原理构成了协同学理论的硬核。他认为，研究稳定性的丧失、导出支配原理、建立和求解序参量方程这三个步骤构成了协同学处理问题的程序的主线。

1. 不稳定性原理

协同学中的“不稳定性”是指相对某一系统发展水平而言，当控制参量达到临界值时，系统旧的状态丧失稳定性，即系统进入不稳定状态，同时预示着新的稳定状态的出现。承认不稳定性具有积极的建设性作用，是协同学的基本观点。任何系统的有序演化都与不稳定性联系在一起。不稳定性现象联系着旧结构的瓦解和新结构的产生两个方面，不稳定性充当了新旧结构演化的媒介。从这个意义上讲，协同学理论就是研究不稳定性的理论。

协同学理论的不稳定性原理简图如下：

外参量变化

↓

旧结构→不稳定性→新结构

失稳或失序

图 2.1 协同学中的不稳定性

一个结构是否稳定由系统外部的参量控制，随着控制参量的连续变化，系统将经历一系列不稳定，导致一系列性质不同的新旧模式的演替。控制参量变化造成的是一个不稳定性谱系，相应地，系统结构经历一个由简单到复杂的演化过程，这个谱系可表示为：均匀无序结构→第一次不稳定→有序结构→第二次不稳定→更有序的结构……例如产融集团系统的不稳定性演化谱系：企业融资困境→产业资本和金融资本的债权模式→信息不对称和信贷配给制→产业资本和金融资本的股权模式→产融集团系统的协同风险→产融集团系统的协同管理机制。

2. 序参量原理

序参量是一个宏观参量，是用来描述大量子系统集体运动的宏观整体效应的参量。序参量的特征是：在相变前的旧结构下序参量为零，从相变点开始，序参量取非零值；在不同问题中，序参量的结构和含义不同，是特殊问题，而一旦找到序参量，以后的描述就是一般了。从这个意义上讲，协同学的目的就是找寻系统演化过程中的序参量。

序参量形成不是外部作用强加于系统的，而是来源于系统内部各子系统的支持。当多组分系统处于无序的旧结构状态时，众多子系统独立运行，各行其是，不存在合作和协同关系，无法形成序参量；当系统趋近临界点时，子系统发生长程关联和相干作用，形成合作关系，协同行动，导致序参量的出现。

在具有协同性质的系统中，序参量来源于各子系统，同时又支配着各子系统的行为，主宰着系统自组织演化的过程。序参量一旦建立形成，就成为支配一切子系统的因素，子系统则按照序参量的"命令"联合行动，这恰恰是自组织过程的基本特征。哈肯采用序参量来描述系统的宏观有序程度，当系统处于无序时，其序参量为零；当系统状态达到临界区时，序参量呈现指数化增长，出现不稳定，最后突变到最大值，此时新的宏观结构产生。当一个系统存在几个序参量时，它们支配着一组微观组态，这一组态对应着一个宏观结构；最后出现哪种结构，取决于序参量方程、初始条件和涨落的选择。协同学理论还认为，系统自组织建立新的有序结构一般只由一个或很少序参量来决定，其他大多数参量必须从演化方程中消去，因为如果大量运动模式在临界点上都发挥显著影响，这个系统仍然可能是杂乱无章的，就像社会大动乱时期，群雄四起，山头林立，党派纷争，社会必然陷入混乱；只有消灭山头，形成一个中心，才可达到有序的大治。

3. 支配原理

支配原理的核心思想就是认为在系统演化过程中的不同历史阶段，系统内部的不同子系统有着不同的运动模式、参量和性质，它们对系统的影响是有差异的和不平衡的。在远离临界点时，这种差异和不平衡受到抑制未能表现出来，各子系统的运动模式都对系统演化有影响，但相互差异不大；当控制参量的改变把系统推过线性稳定点、逼近临界点时，各种运动模式对系统演化影响的差异和不平衡就暴露出来了。它们相互竞争着，快变量或稳定模，或因变化太快而迅速衰减以致消亡，或因竞争而被其他模式同化、捕获，因而不能左右系统演化；慢变量或不稳定模则不同，它们适应变化并伴随系统不稳定性的增长而增长，随之成为主宰系统自组织演化进程的主导力量，支配着其他运动模式的行为。这就是协同学理论的支配原理。整个过程中，序参量来源于各子系统的竞争与合作，但序参量一旦形成就主宰了系统自组织演化过程，即序参量形成后就打破了系统原有平衡和对称，这就是对称破缺，即事物对称性质的突然降低。

通过上述分析，我们可以得到两点结论：

结论 1　协同学的研究对象是复杂开放的系统内部各子系统之间如何通过非线性的相互作用产生协同效应，使系统从混沌状态走向有序状态、从低级有序走向高级有序的一般机理和规律。协同学创造了一系列概念，把系统的有序方式称为"自组织"，过程称为"相变"，状态称为"涨落"，影响系统有序的关键因素称为“序参量”，非关键因素称为“控制参量”。序参量支配着各子系统的行为，又为各子系统所支持，它们之间的竞争和协同通过各子系统的相干作用表现出来，从而影响和决定着系统从无序到有序的演化进程。

结论2 哈肯的研究表明，无论是宏观系统还是微观系统，无论是自然系统还是社会系统，都可以在一定的条件下呈现出非平衡的有序结构，都可以应用协同学理论来解读其自组织形成过程和协作演化规律。也就是说，全然不同的学科及全然不同的系统行为之间深刻的相似，而与其子系统的性质无关。因此，可以采用同样的协同学模型来描述不同系统的演化过程。这正是我们运用协同学理论来研究产融集团协同发展的理论基础和理论支点。

2.2 产融集团系统的理论界定

2.2.1 产融集团系统的概念

产融集团至今仍没有一个统一的定义，甚至对产融集团的说法也没有统一。国外与产融集团相关的说法很多，如金融集团、企业集团、工业金融集团、金融控股公司等；在国内，有的称为产融型企业集团[5]，有的称为类金融控股企业集团[3]，但最一般的是称为产融结合。吴大琨(1993)从政治经济学的角度定义产融结合，认为产融结合就是垄断性的金融资本和垄断性的以工业为主的企业资本的融合[8]；黄明(2000)给产融结合做了一个宽泛的界定，把产融结合定义为资本在一定制度结构中职能的结合[24]；傅艳(2003)认为，产融结合是产业投入产出过程与金融业融通资金过程的结合[29]；张庆亮(2005)认为，产融型企业集团是指在企业集团内产业部门和金融部门紧密结合起来形成的一个产融结合体[5]。上述产融集团概念的界定要么从金融与经济的关系角度、要么从以产业为主体的企业角度来定义产融集团，都在一定程度上实现了创新。本书认为，产融结合的说法不是很准确，因为产融结合有很多模式，比如债权模式、股权模式、信托模式、金融租赁模式等，把仅仅研究产业资本和金融资本股权结合模式称为产融结合，既缩小了产融结合的外延，又混淆了产融结合的债权模式和股权模式内涵。本书研究的产融集团系统仅仅是指以股权模式相结合的产融型企业集团。

结合已有研究和本书研究视角，笔者认为，产融集团首先是一个特殊的企业集团，是产业组织和金融组织之间资本和管理相互渗透、相互融合而生成的新型企业集团。从产业组织学角度看，产融集团是“完全的实业企业”和“完全的金融企业”之间的一种中间组织形式，这体现了产业融合化、产业模块化以及金融综合化的发展趋势。从演化经济学角度看，产融集团系统是产业资本和金融资本相结合的债权模式向股权模式自组织协同演化的均衡结果，这体现了金融创新和产业创新的一种协同演化过程。从系统科学的角度看，产融集团系统是由产业资本子系统、金融资本子系统、人力资本子系统和无形资产子系统组成的一个多层次、多要素的复杂系统，这体现了集团系统各子系统自组织演化和协同运行的系统基础。本书所研究的对象主要集中于演化经济学和系统科学视野下的产融集团系统。

从产业组织控股金融机构的运行模式看，产融集团可分为资本溢出型产融集团和融资依赖型产融集团[3]。前者是产业资本在经营过程中有大量资本闲置，从而向金融领域渗透形成的产融集团来获取高额利润；后者是产业企业的发展存在资金缺口，从而向金融机构渗透来满足资金需求。从产业生命周期角度看，资本溢出型产融集团发生在产品和市场经营到相当程度、处于成熟期以后的一流产业企业；它们遵循从财务管理到财务服务、先内部运作后外部运作、先金融工具运作后金融机构运作、从内部产融结合到外部金融服务，最后再实现金融产业化的产融协同发展路径。美国的 GE 集团就是资本溢出型产融集团运行模式的典范。而融资依赖型产融集团则发生在战略定位模糊与企业整合非理性、处于导入期或成长期初期的资金短缺型产业企业；它们注重通过金融机构来争取更多融资机会，把金融机构当成资本游戏的筹码和融资套现的工具，在短期内转移控股企业或金融机构的价值，维护其非理性产业整合的理念和短贷长投的资本运作模式，其结果就是集团系统资金链条越来越长的延展性风险，而价值链条却承担越来越多的累积性风险，直至不堪重负而轰然倒塌。我国的德隆集团则是融资依赖型产融集团运行模式的典型代表。

2.2.2 产融集团系统的系统要素及其相关关系

产融集团系统是由产业资本、金融资本、人力资本和无形资产等子系统组成的一个多层次、多要素的复杂巨系统。要想对产融集团系统的生成演化和运行过程进行研究，首先需要对这个复杂巨系统各要素及其相关关系进行分析和研究。

1. 产业资本子系统

产业资本子系统在产融集团系统生成演化及其协同运行中都处于主动和

主导地位，它决定着产融集团系统的形成动机、演化路径、协同效应和协同风险。产业资本子系统是一个开放的复杂系统，它不仅受社会经济、国家政策、融资环境、市场机制等外部因素的扰动而涨落，而且还直接受到包括企业内部的产权制度、法人治理结构等制度环境和管理哲学及风格、团队精神等文化环境以及人力资源或资本政策、无形资本或知识等要素环境在内的企业内部控制环境的影响。因此，产业资本子系统的自组织状态会随时受到各种各样扰动，从而产生正效应或负效应，最终使原有系统结构及功能发生相变而使系统处于非平衡状态。在外部融资过程中的信贷配给制度、产业模块化融合化和内部融资需求、企业进化成长的双重扰动下，产业资本有着强烈的融资内部化和企业扩张化的激励，即有着向金融资本渗透的动机。

2. 金融资本子系统

金融资本子系统对整个社会经济具有明显的“准公共产品”特性，一方面，金融企业的生存基础来源于社会公众尤其是产业资本系统；另一方面，金融企业的经营战略、经营行为及其经营成败不仅仅是单独的金融机构本身，而是对整个社会公众都会产生影响。金融资本的中介服务功能、资源配置功能、融资机制功能以及风险分散功能直接或间接地影响或决定着产业资本的运行和发展，尤其是金融资本运行中的逆向选择和道德风险引致的信贷配给制度和证券市场门槛壁垒制度严重影响着产业组织的融资需求。同时，金融机构尤其是中小银行或证券机构可以利用产业资本的进入，提高金融机构的资本充足率，推进股权结构合理化，完善金融机构法人治理机制，并化解中小金融机构的金融风险。由此可见，金融机构的利益权衡形成了产融结合的驱动力，而金融市场的开放和金融管制的放松则提供了产融结合的制度性环境。

3. 人力资本子系统

无论是产业资本还是金融资本的发展，都离不开人力资本的投资和人力资本价值的提升。产业资本经营上具有稳定性但扩张性较差，金融资本具有经营投机性和资本扩张性特征，两类资本的不同运行对产融集团化后整体系统的人力资本提出了更高的要求。既懂得产业资本经营理念又精通金融资本运作规律的两栖型人才的数量和质量及其胜任能力、人力资本的正直性和伦理观、人力资源政策和实务以及集团内各子公司间人力资本的协同能力和效果等是产融集团系统实现协同发展和协同价值的关键。另一方面，人力资本子系统还是集团系统内包括科技进步、产品创新、知识整合以及文化协同等无形资产的来源和基础。从这个意义上说，产融集团系统的协同发展就是人力资本的协同发展。

4. 无形资产子系统

Penrose(1959)指出，企业的成长及其核心竞争力的提升并非由市场的均衡力量所决定，而是由每个企业自身的独特力量所推动[67]。这里的“独特力量”即是指由使用资源所产生的服务或能力等无形资产。日本的战略专家伊丹广之(Itami Hiroyuki,1987)更是直接指出，无形资本才真正是公司竞争优势不竭的源泉，协同效应则主要是通过无形资产的共享和协同来实现的；而通过有形资产的共享和协同实现的仅仅是互补效应[68]。由此可见，无形资产产生于产融集团系统及其各成员机构的运行与发展过程中，又反过来影响或决定着集团系统及其各子系统的更为良性的运行与发展。这种反馈效应主要来自于无形资产的替代、互补、转移、共享、学习等协同机制。

从系统论的角度看，产业资本、金融资本、人力资本和无形资产四个系统之间相互联系、相互作用构成了产融集团系统这个高维性、复杂关联的动态开放系统，并不断地与外界进行着物质和能量的交换，实现“投入—产出”的输入输出过程。在这一过程中，无论是集团系统内部的熵变还是集团系统外部的涨落，都会引起产业系统、金融系统以及产融系统内部结构有序度和管理模式的演变和进化，始终处于从一种平衡态向另一种平衡态非线性跃迁，最终促使产融集团系统朝着有序和高级有序的方向发展。产融集团系统的产业资本、金融资本、人力资本和无形资产四个子系统及其相关关系如图 2.2 所示。

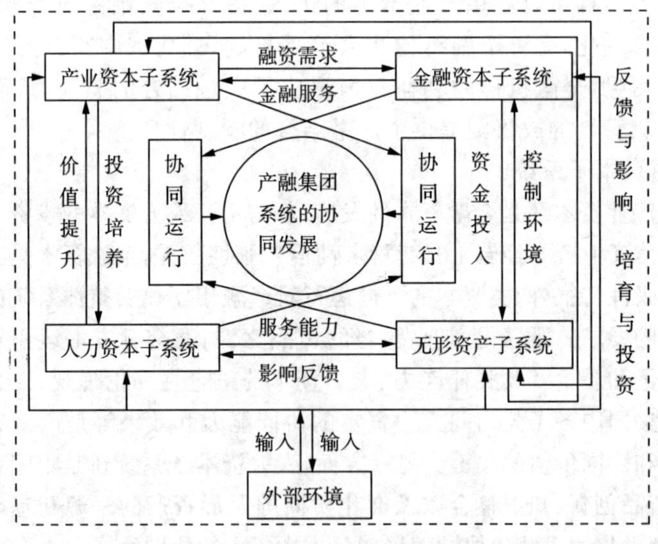

图 2.2 产融集团系统要素及其相关关系

2.3 产融集团系统的协同特性

哈肯的研究表明，协同学理论具有普适性特征，无论是宏观系统还是微观系统，无论是自然系统还是社会系统，都可以在一定的条件下呈现出非平衡的有序结构，都可以应用协同学理论来解读其自组织形成过程和协作演化规律。而产融集团通过自组织和他组织策略将多个产业和金融业结合在一起，构成了有多个子系统相融合的、复杂开放的产融系统。这一系统内部存在着结构和秩序，协同学完全可以作为研究产融集团复杂系统结构和秩序的理论基础和工具。

从系统科学的角度看，无论是产业组织还是金融组织，作为一个开放性系统的组织过程就是不断地与外界进行物质与能量的交换，实现“投入—产出”的输入输出过程。在这一过程中，无论是组织系统的自组织(Self－organization)，还是组织系统的他组织(Organized)，都会引起产业系统和金融系统内部结构有序度和管理模式的演变和进化，使系统朝着有序的方向发展；另一方面，无论是产业组织还是金融组织，作为一个远离平衡态系统的演化过程就是不断地打破系统原有的平衡，始终处于一种平衡态向另一种新的平衡态非线形的跃迁过程[69]。由此可见，由产业资本和金融资本融合而形成的产融集团是一个开放的复杂系统，具有自组织的协同特征，系统中的各子系统或基本单元交互作用，从整体上演化出新的独特的性质、结构和功能。

2.3.1 产融集团系统的耗散结构性[70]

首先，产融集团系统具有开放性。产融集团不断地从外部引入物质、能量和信息的“负熵流”，并不断排出其“代谢”产物，使系统保留的正熵减少，促使系统自发地从无序走向有序的耗散结构状态。金融市场开放、金融管制放松等外部环境成为产业资本和金融资本融合的负熵之源；而降低交易费用、消除产业和金融业之间的信息不对称、实现规模经济与范围经济等因素则是促进产融结合的动力机制。

其次，产融集团系统远离平衡态。产业系统和金融系统之间由于存在发展愿景、业务流程、客户结构、竞争战略等方面的差异，因而各种物质能量分布极不平衡，这就形成了产融集团演化的内源性因子。

再次，产融集团系统受非线性作用的影响。产融集团是具有行业联系、资本联结、战略联盟、管理联通的产业组织和金融组织通过相互协同性的网络关系而组成的介于市场和企业中间的虚拟型网络组织。这种网络组织，在其内部因子之间存在着从产品、价格、分销、促销到资本结构、竞争合作、细分定位、客户管理的一个完整的供应链机制，这些机制之间不断发生着物质、能量的非线性关系，而这种非线性关系的存在就成为产业系统和金融系统融合的内在动因。

第四，涨落现象是产融集团自组织演化的动力学因素。产融集团演化不断地受到外部环境的影响而产生无数“微涨落”，当这种微涨落影响的程度达到一定的临界点时，产融集团系统就会聚集成“巨涨落”，实现新系统的组织结构和功能在复杂巨系统的层次上成长和演进。正是这种环境涨落推动产融分立的平衡态跃迁至产融结合的平衡态。

2.3.2 产融集团系统的自组织演化性[65]

产融集团的自组织演化过程是自适应的，演化的均衡结果是自创生的，且创生跃迁后的新系统可以实现自生长和自循环，从而达到自我超越的整体协同效应。原有的产业系统和金融系统通过自适应功能不断交换、整合和配置内外环境资源，使之实现资源与环境的匹配，涌现出新的系统结构和新的适应能力。在产融集团系统自组织演化过程中，由于内部子系统的协同作用，自发生成了原有系统不曾有的新的状态、结构和功能，新系统状态与原有系统状态相比有序度跃迁，从而实现产融集团系统的自创生；创生跃迁后的新产融集团系统通过自复制功能，使系统在自组织过程中形成的有序状态保持下来，并复制原有的自开放、自调节、自生长的过程，强化产融集团系统的自催化和交叉催化，最终实现更巨大系统规模、更复杂系统网络、更高系统有序度上的整体协同效应。

产融集团系统发展依次经历了系统自组织的三个过程，一是由无产融集团组织到有产融集团组织的过程演化。这一过程是从无序状态到有序状态的演化，标志着产融集团系统组织的起源或生成，是产融集团系统自组织生成过程。二是由产融集团系统组织低有序度到组织高有序度的过程演化。这一过程是有序程度通过跃迁得以提升的过程，是产融集团系统协同发展能力的自组织演化过程。三是在产融集团系统整体层次上由简单到复杂的过程演化。这一过程标志着产融集团系统组织结构与功能在相同层次上从简单到复杂的水平增长和管理协同，是集团系统协同效应实现和协同价值提升的过程。

2.3.3 产融集团系统的序参量特性[53]

哈肯把系统从无序到有序或从有序到无序的动态过程称为“相变”，而决定系统相变的关键因素被称为序参量(Order Parameter)。哈肯认为，环境因素的微小变化有可能造成全新的序参量，当系统动态变化达到临界点时，序参量增长到最大，此时系统就会出现一种宏观有序的有组织的结构。

1. 产融集团系统序参量的非唯一性

哈肯指出，有时协同学系统可能不只受一个，而是几个序参量的同时控制[47]。这一思想有助于我们深入理解产融集团系统中的序参量。在当前金融和产业环境下，影响产融集团系统协同发展的关键因素可能不是一个，而是多个，它们共同对产融集团系统的协同运行起“支配”作用。从产融集团运行过程来看，资源的整合、组织的协调、战略的协同、人力资源的政策等都有可能决定或支配产融集团系统协同运行程度和协同发展路径；从产融集团要素结构来看，产业资本的生命周期阶段、金融资本的风险分散效应、人力资本的知识匹配以及无形资产的共享程度也都可能推动或阻碍产融集团系统协同效应实现和协同价值提升。

2. 产融集团系统序参量主导地位的依次重演性

哈肯在描述系统序参量关系时指出：“在一段时间内，一个序参量占主导地位，支配另外的序参量，规定它们的运动。但不久后，这个序参量失去其主导地位，把这个位置让给另一个序参量，并依次重演。有趣的是这种‘主导地位的改变’是完全无规律的，也就是混沌的。”[47]序参量的这一特征反映了社会系统的复杂性和主观能动性，也有助于我们理解产融集团系统运行发展中序参量的更迭和序参量大小的变化。从产业生命周期看，产业导入期或成长期的融资依赖型产融集团系统的序参量可能是资本扩张链条的安全性，而产业成熟期的资本溢出型产融集团系统的序参量可能是战略资源整合的科学性。

3. 产融集团系统序参量的协同竞争性

序参量的协同竞争有三种形式：一是互不相干，各行其是；二是一方役使另一方，捕获或同化对方；三是双方“协商”，按“约定”的方式相互适应，协同共生。在现实社会系统中，第一种是理想状态，第二种和第三种是协同竞争的常态，是系统演化发展的动力机制。

当然，在现实的社会系统中，如在产融集团系统中，序参量和控制参量是很难像自然系统中那样通过精确的计算而得到的。即使在同一时间段内，如一个内部关联交易周期，仍然会出现多个序参量。这是因为对一个连续的运行周期，不可能像数学微分那样把时间划分得无穷小，从而清晰地展现在某一时间段内起主导作用的单一序参量。因此，对于产融集团系统的协同管理，必须要寻找合理的多个序参量，在其自组织运行过程中利用他组织对其施加压力，减少其内耗，纠正其偏差，引导其健康发展。

2.3.4 产融集团系统的整体协同性

自组织理论认为，一个系统从无序到有序转化的关键不在于离平衡态的远近，而在于这个由子系统构成的开放系统内部的协同机制和耦合作用。产融集团通过产融结合可以实现产业资本和金融资本的共享和互补，达到整体价值大于各子系统价值的整体协同效应。具体包括：由产业资本和金融资本战略结合的意愿程度、对未来合作产生的超额收益的依赖程度或重视程度耦合而成的战略整体协同效应；由产融集团中同质要素的聚合而产生的协同效应和异质要素的配合而产生的协同效应共同耦合而成的管理整体协同效应；由产融集团的规模经济效应、范围经济效应、交易费用效应、学习曲线效应等耦合而成的经营整体协同效应；由财务整合效应、节税利益效应、降低内外融资成本、财务杠杆及预期效应等耦合而成的财务整体协同效应。

正是产融集团系统的这种自觉性的整体协同功能催化原有的产业系统和金融系统逐步打破原有孤立单一的非平衡态，开始从产融系统竞争走向系统竞合，从组织隔离走向组织协同，自组织演化为新型的产融型企业集团。

2.3.5 产融集团系统的组织化协同管理性

产融集团系统的协同发展是一个自组织过程，但自组织不是任意妄为，自组织不是不要控制，自组织倡导可控制性的协同竞争。因此，协同学认为，可以采用他组织的方式，对影响系统自组织的序参量施加外部影响和控制，即通过改变对序参量的协同竞争起主导作用的控制参量来改变自组织状态，促使系统达到有序或高级有序。这正是我们运用协同学研究产融集团协同发展、构建我国产融集团协同管理机制的理论支点。在这一意义上，应用协同学理论来研究产融集团协同发展问题，旨在寻找影响产融集团协同发展的主导因素，即序参量，并施加外部他组织策略，即协同管理来提升产融集团系统自组织协同程度，从而揭示产融集团协同发展的一般规律。

2.4 产融集团系统协同发展的内容和机制

2.4.1 产融集团系统协同发展的内容

由产融集团系统的要素相关关系及其协同特性可以看出，无论在产业资本、金融资本、人力资本以及无形资产等系统结构层面，还是在资源整合、组织协调、战略协同、人才共享等系统运行层面，产融集团系统发展都存在着密切的协同关系。若它们之间相互良性协同，集团系统将实现协同效应，整个集团系统将呈现良性运行和协同发展的局面；若它们之间协同失效，集团系统将出现协同风险，并危及或破坏整个产融集团系统的良性运行。从系统论的角度看，产融集团系统协同发展的内容表现在以下四个方面[50][71]：

(1)结构性协同。结构性协同是产融集团系统常态运行所应达到的最基本的协同性。通过对集团系统内部的产业资本、金融资本、人力资本以及无形资产等子系统及其学习和创新能力的分析，来揭示集团系统各子系统的运行状态，并在此基础上分析产融集团系统协同发展能力的自组织演化机制和运动过程，以构建产融集团系统协同发展的序参量，即协同发展能力。

(2)功能性协同。各子系统功能的性能和特征的差异与不同，使得集团系统各子系统功能性协同成为必要。产融集团系统的总体功能是由其各子系统功能联合运行实现的，功能性协同目的是通过各子系统功能的最优组合和运行协调来达到系统整体协同效应最大化，协同风险最小化。功能性协同通过推进集团系统在战略协同、管理协同、经营协同、组织协同、财务协同以及人才协同等方面协同运行，以降低协同过程中的利益冲突、关联交易、道德风险以及风险传染外溢等协同风险。

(3)空间性协同。产融集团系统是一个复杂开放的系统，产业资本与金融资本各子系统内部或相互之间以及集团系统与外部环境之间相互作用、相互促进、相互依赖和相互影响。从集团系统内外角度看，空间性协同是指产融集团系统与外部环境系统的协同与适应；从集团系统内部角度看，空间性协同是指集团系统的组织结构、治理机制、内控流程、审计监督以及信息系统等方面的整合、协同与匹配。

(4)时间性协同。产融集团系统的发展运行具有周期性和时间性，为实现产融集团系统协同发展目标，必须使不同发展阶段、不同投资周期达到节奏共振性和战略互补性，最终实现不同的阶段性目标。具体来说，产融集团系统的时间性协同分为先后协同和同步协同。前者是指集团系统协同要素发挥作用过程中的时间衔接和能量积累，如产融集团系统长、中、短期投资组合及其回笼周期的前后衔接性。后者是指集团系统协同要素发挥作用过程中的节奏合理和内容互补，如产融集团系统投资的行业、市场、业务的吻合性和适应性。

其实，德隆集团危机问题就是产融集团系统发展过程中协同内容执行失败的典型写照。正如郎咸平所言，德隆集团垮台的本质在于德隆集团的产融型类金融企业集团发展模式和多元化战略的失误，具体表现为产业整合效益的速度跟不上金融的速度产生了结构性差异[4]。就连德隆集团的唐万里本人也曾公开表示："德隆在长、中、短期投资组合及投资节奏上的确欠佳，德隆过去注重了横向的、内容方面的互补性投资，如金融和产业、产业链之间的互补，而忽略了在投资节奏方面的结构安排，即长、中、短期投资的比例结合不尽合理，长期投资的比重过大，影响了资产的流动性；更多地看到富有诱惑力的投资机会和产业整合机遇，忽视了公司高速成长带来的潜在风险。"[72]当然，协同内容的实现不是产融集团化的必然结果，产融集团系统协同内容的实现最终取决于协同机制的执行能力和协同运行的合理程度。

2.4.2 产融集团系统协同发展的机制

产融集团协同发展机制是指产融集团系统在内外因素的作用下，产业资本与金融资本各子系统内部或相互之间以及集团系统与外部环境之间相互作用、相互促进、相互依赖和相互影响，促使产融协同系统的形成和发展的内在机能和控制方式。这些内在机能和控制方式主要包括四种方式：动力机制、耦合机制、组织机制和催化机制。各种协同发展机制相互联系和渗透，构成一个复杂而不断向有序发展的系统网络。

1. 动力机制

耗散结构理论认为：一个远离平衡态的非线性的开放系统，不断地通过与外界进行"物质—能量—信息"交换，实现"投入—产出"的输入输出过程。在这一过程中，系统内部负熵与正熵此消彼长，系统内产生随机的微涨落；这些微涨落通过相干效应不断增长形成巨涨落，变成破坏原结构的因素，而使体系改变成一个新的稳定的有序状态的"触发器"，使系统由原来的混沌无序状态转变为一种在时间上、空间上或功能上的有序状态。由此可以认为，涨落是系统要素产生协同作用、形成有序结构的原动力。

涨落是指系统状态参量对其平均值的偏离。由于随机涨落的存在，役使一些子系统“涨起”，在获取资源上具有优势；另一些子系统“落伏”，在获取资源上处于劣势。涨落既是对处在平衡态上系统的破坏，又是维持系统在稳定的平衡态上的动力。在系统发生相变的临界区域附近，原来的定态解失稳，但系统不会自动离开定态解，只有涨落才使系统偏离定态解，偏离范围不论多少，只要有偏离就会使系统演化到新的定态解上；而且在临界点处，非线性作用的关联放大效应促使微涨落演化为巨涨落，系统以正反馈方式形成了序参量，并由这样的序参量役使系统其他参量主宰系统演化发展的方向和模式。

产融集团系统从根本上说就是产业组织和金融组织之间相互竞争与合作的结果，因而其从一开始就不是一个孤立的封闭系统。因为内外竞争压力的需要，特别是在产业市场竞争空间紧缩、生存空间挤压，金融市场信贷配给、分业经营的生态条件下，产业系统和金融系统为实现管理协同、财务协同、运营协同和战略协同等利益成长机制，逐步打破原有的孤立单一的非平衡定态，通过不断地与生存发展环境以及相互之间的物质流、能量流、信息流、资金流、人员流等的交换，产业资本和金融资本逐步从竞争走向联合，从组织隔离走向组织协同，自组织演化为新型的产融型企业集团。即使在整个产融集团复杂巨系统宏观状态确定后，产融系统内部各子系统仍可以随机涨落，引起系统内部整体物理量的涨落和复杂性的增长，不断引起产融协同熵变，进而推进产融集团不断向协同的优化方向或高级有序跃迁。

产融集团系统是产业组织和金融组织之间资本和管理相互深透、相互融合而生成的新型企业集团，是具有行业联系、资本联结、战略联盟、管理联通的产业组织和金融组织通过相互协同性的网络关系而组成的介于市场和企业之间的虚拟型网络组织[73]。这种网络组织内部各子系统之间的联系不是简单的“1＋1＝2”的线性关系，而是发生着复杂的“1＋1＞2”的非线性关系。也就是说，产融集团系统的协同发展始终处于一种非平衡的状态，这种状态产业资本和金融资本的协同作用产生的战略协同、管理协同、经营协同、财务协同等微涨落可以相互增强以形成集团系统价值的巨涨落。随着产融集团系统内部各子系统在竞争合作中逐步建立稳定的上下关联的产业链，实现资源整合和要素协同，以及合理把握集团纵向的长、中、短期投资组合的互补性和集团横向的业务、内容、多元化的互补性，产融集团就可以通过产业资本和金融资本的关联效应、相干效应和互补效应实现系统要素整合、人才协同配置、风险共同分担，形成产融集团演化成长的有序或高级有序结构，推进产融集团更高层次的协同发展。

2. 耦合机制

耦合(Coupling)是物理学的一个概念，是指两个或两个以上的系统或运动方式之间通过各种相互作用而彼此影响以至联合起来的现象，是在各子系统间的良性互动下，相互依赖、相互协同、相互促进的动态关联。产融集团系统的耦合机制是指产融集团系统内部的产业、金融业各子系统相互作用、相互依赖、相互协调、相互促进的动态联系，推进各子系统价值互动共增。产融集团的协同发展要求产业系统和金融系统在提升其自身价值的过程中相互竞争与合作，产生耦合互动的关系和协同放大的机制。

从要素功能整合角度分析，这种耦合机制表现为产融集团系统内部资金、技术、人才、管理、社会资本、品牌资产等要素之间的耦合机制，即产融集团系统内部诸要素之间通过互补效应和相干效应，发挥“1＋1＞2”的协同效应，形成“产融集团系统场”，并运用比较利益，优势互补，实现产融集团系统价值耦合互动。

从要素结构整合角度分析，这种耦合机制表现为产融集团系统内产业资本和金融资本之间的竞合机制。从合作的角度看，产融集团通过产融结合可以实现产业资本和金融资本之间的共享和互补，达到结合后整体价值大于各成员机构独立经营时价值的简单综合的效应，即协同效应。具体包括：由产业资本和金融资本战略结合的意愿程度、对未来合作产生的超额收益的依赖程度或重视程度耦合而成的战略协同效应；由产融集团中同质要素的聚合而产生的协同效应和异质要素的配合而产生的协同效应共同耦合而成的管理协同效应；由产融集团的规模经济效应、范围经济效应、交易费用效应、学习曲线效应等耦合而成的经营协同效应；由财务整合效应、节税利益效应、降低内外融资成本、财务杠杆及预期效应等耦合而成的财务协同效应。这些协同效应共同构成了产融集团的协同价值。从竞争的角度看，产融集团在获取协同价值的同时，有可能增加系统内部的整合成本和系统外部的监管成本而陷入管理协同整合风险；伴随委托—代理关系和内部资本市场而陷入道德风险、利益冲突风险、关联贷款风险、财务杠杆风险；伴随公共安全网和金融防火墙的搭便车行为而陷入金融异化的风险传染、风险放大和风险叠加的协同风险。

当然，竞合一体的耦合机制是需要实现条件的。从协同学角度看，产业资本和金融资本竞争与合作的耦合必须具备四个条件[51]：一是理念上的共识，即竞合双方在发展问题的价值观上具有兼容性和共同性,也就是说,产业资本和金融资本都有着强烈的合作的价值取向和战略规划;二是目标上的谋和,即竞合双方有着共同追求的目标和集团发展的愿景,也就是说,产业资本和金融资本都有着通过产业融合、产融结合提升资本价值,规避产业和金融业发展瓶颈的愿望;三是创新上的潜力,即竞合双方必须具备创新的潜在能力,可以为双方带来各成员机构独立经营时无法创造的价值,同时双方都具有产融结合后资源整合、管理融合、组织协同、人员配置等方面的创新潜力,以尽快实现产融集团系统从无序走向有序的发展;四是环境上的匹配,即竞合双方既竞争又合作所需要的内外环境要起到支持、催化产融集团系统生成、演化和提升协同能力的作用,即产融集团系统内部各成员机构在内外部环境催化下相互协同竞争与合作,通过要素整合、资源匹配、管理协同等自组织行为和外部政策支持、制度改革等他组织行为,促使集团系统协同程度得以跃迁,实现产融集团的协同效率和协同价值的均衡。

3. 组织机制

组织指按照一定目的、任务和形式加以编制,促使系统有序演化的特殊过程,这一过程是组织系统发生质变的过程,是系统有序程度增加的过程。按照事物本身是如何组织起来的方式不同,组织的方式可以分为两类[65]:一种是系统之外有一个组织者,整个系统的组织行为按照组织者(外界主体)的目的、意愿进行,在组织者的设计、安排、协调下,系统完成组织行为,实现组织结构。这种方式称为他组织。一种是我们无法在系统之外找到组织者,实际过程是在一定的外界条件下,系统自发地组织起来,形成一定的结构和功能。这种方式称为自组织。产融系统内部各子系统之间通过自组织和他组织的非线性相互作用产生协同效应,促使系统从非组织状态到组织状态、从组织无序状态到组织有序状态。

产融集团通过自组织和他组织策略将多个产业和金融业结合在一起,构成了由多个子系统相融合的产融系统。产融系统内部各子系统之间通过自组织和他组织的非线性相互作用产生协同效应,促使系统从非组织状态到组织状态、从组织无序状态到组织有序状态。由此可见,产融集团系统的自组织属于社会系统自组织,使得产融集团系统不再是单纯的自然自组织系统,而是体现了人类在一定社会范围内、一定社会条件下有意识的自我选择、改变和适应环境,从而达到新的有序状态的社会行为,即带有他组织因子的自组织行为。因此,产融集团系统除具有与自然自组织系统相同的一般特征外,还具有其独特的特点[53]：

第一，产融集团系统的自组织具有自觉性。产融集团系统是自适应的，演化的均衡结果是自创生的，且创生跃迁后的新系统可以实现自生长和自循环，从而达到自我超越的整体协同效应。产业系统和金融系统通过自适应功能不断交换、整合和配置内外环境资源，使之实现资源与环境的匹配，涌现出新的系统结构和新的适应能力；在产融集团自组织过程中，由于内部子系统的协同作用，自发生成了原有系统不曾有的新的状态、结构和功能，新系统状态与原有系统状态相比有序度跃迁，从而实现产融集团系统的自创生；创生跃迁后的新产融集团系统通过自复制功能，使系统在自组织过程中形成的有序状态保持下来，并复制原有的自开放、自调节、自生长的过程，强化产融集团系统的自催化和交叉催化，最终实现更巨大系统规模、更复杂系统网络、更高系统有序度上的整体协同效应。

但是，产融集团系统是由高度能动性和自觉性的产业资本和金融资本构成的网络系统，一方面要对环境涨落做出适时的积极反应，另一方面行为要受到目标规则的支配，因此，自然系统中的“自发性”和“随机涨落”在产融集团系统演化中就附加了主体自觉性。认识产融集团系统自组织的自觉性，有助于我们自觉运用和遵循自组织演化规律，优化产融集团系统的协同管理。

第二，产融集团系统的自组织程度取决于具有主观能动意识的人。产融集团系统中的竞争与协同是以人为中心展开的，产业企业家和金融企业家是整个自组织活动的决定者和被决定者、组织者和被组织者。系统中的序参量和控制参量都可以体现为人的行为方式。这意味着，属于社会系统的产融集团系统不会像自然系统那样，以何种模式运行只能被动地取决于控制参量的自由组合“阀值”和“随机”的涨落。产融集团系统的运作模式则是取决于具有主观能动意识的人（尤其是产融企业家）的默契配合下的“阀值”和“涨落”，从而能动地影响产融集团系统的自组织程度和相应的有序状态。

第三，产融集团系统自组织具有对环境的能动选择适应性。从产业发展的角度看，在信贷配给制度和证券市场壁垒制度的共同作用下，产业系统陷入融资困境和发展陷阱，而形成企业自身发展的产业金融链、获取有效的金融资源和服务成为困境博弈的关键。从金融业发展的角度看，中小银行与证券机构可以利用产业资本的进入，提高金融组织的资本充足率和资本实力，推进股权结构合理化、完善金融业法人治理机制，并化解中小金融机构的金融风险。因此，以产融共生与协同发展为标志的产融集团的发展就成了提高产融核心竞争力、创值能力、自生能力、风险管理能力的理性选择。由此可见，产融集团系统充满了人与人的活动方式。系统在与环境的交换中，人可以运用自己的智慧，通过改变环境或改变自己的行为来增强对环境的适应性。同时，人的参与使得产融集团系统演化中的一些不利因素被衰减和同化，而一些有利因素则得以增加和发展。也就是说，人的参与使得产融集团系统的演化带有价值判断，属于一种自觉的选择过程。产融集团系统中的行为主体对环境的这种能动性的"适应"和"选择"推动产融集团协同管理不断创新，真正实现能适应环境变迁的动态协同发展。

4. 催化机制

化学和分子生物学的研究揭示了自然界的催化作用。协同学中的催化原理进一步认为，催化作用作为加速分子碰撞并产生反应物的增值现象，普遍存在于自然、社会、经济等各个领域。这一观点对我们理解产融集团系统内部各子系统的催化放大作用，加速系统有序程度提升有着积极意义。催化机制包括自催化和交叉催化。前者是指参加的反应物本身具有自己催化自己的作用，比如产融集团系统内的产业资本和金融资本有着自我提升价值和有序程度的能力；后者是指系统内各要素或反应物相互催化、相互作用、共同跃迁的作用，比如产融集团系统内产业资本和金融资本的相互催化、相互作用可以加速系统有序，放大系统价值。

在产融集团系统演化和有序化过程中，产业组织和金融组织依靠自身所拥有的物质、能量和信息，通过自身各部门之间的协同合作来提升其竞争能力和成长能力，这是系统自催化过程。产业组织和金融组织不断地与外界进行物质、能量和信息的交换，形成产业资本和金融资本之间不同的结合方式，可能是债权模式、股权模式或其他模式，这种通过自身发展和相互结合方式来影响其他组织发展的功能就是交叉催化过程。在产融集团系统内部，产业资本和金融资本通过资源互补、要素整合、协同管理和学习效应，使得产融集团系统自组织程度或有序度逐步提升，在系统内部形成一种自催化循环。产融集团系统又向外界环境吸收负熵排出正熵进而改变系统外部环境系统，新的环境系统通过他组织方式对影响系统自组织的序参量施加外部压力来改变系统自组织状态，促使产融系统由低有序程度的债权模式进化到高有序程度的股权模式，这是系统之间的一种交叉催化过程。正是在这一意义上，产融集团的自组织生成过程可以看作是产业组织和金融组织通过自催化和交叉催化形成了高一层次的债权或股权结合的产融系统，这一高层次的产融系统又通过系统内部的自催化和系统之间的交叉催化，促使产融系统由低有序度的债权模式进化到高有序度的股权模式的协同演化过程[76]。

2.5 本章小结

本章首先对协同学理论进行了基本概述，解释了协同学的核心概念，如自组织与他组织、序参量与控制参量等；说明了协同学的基本原理：不稳定性原理、序参量原理和支配原理；研究表明，无论是宏观系统还是微观系统，无论是自然系统还是社会系统，都可以应用协同学理论来解读其自组织形成过程和协同运行规律。利用协同学理论并结合产融集团的各种定义及其发展实践，笔者认为：产融集团是产业组织和金融组织之间资本和管理相互渗透、相互融合而生成的新型企业集团。从产业组织学角度看，产融集团是“完全的实业企业”和“完全的金融企业”之间的一种中间组织形式；从演化经济学角度看，产融集团系统是产业资本和金融资本相结合的债权模式向股权模式自组织协同演化的均衡结果；从系统科学的角度看，产融集团系统是由产业资本子系统、金融资本子系统、人力资本子系统和无形资产子系统组成的一个多层次、多要素的复杂系统。在此基础上，本节还研究了产融集团系统的各子系统要素及其相互关系，由此证明了利用协同学研究产融集团系统发展的必要性。

产融集团系统具有协同学特性，即耗散结构性、自组织演化性、序参量特性、整体协同性和组织化协同管理性。产融集团系统协同内容包括结构性协同、功能性协同、空间性协同和时间性协同，而这些协同的实现来自于产融集团系统的四大协同机制：动力机制、耦合机制、组织机制和催化机制。该部分论述说明了协同学在研究产融集团系统发展方面的可行性。

第3章 产融集团系统发展的协同机理研究

协同学理论注重一个系统的结构在性质上发生宏观变异的过程,试图对复杂系统问题采用新的思想法则去获得解决,并利用数学模型的构建来研究各子系统在竞争协同过程中自组织有序化的规律和机理。正如前文所述,产融集团系统是一个复杂系统,一方面,该系统具有自组织性、自适应性和动态演化性;另一方面,该系统的这些特性有别于自然系统,是基于人类活动形式所形成的复杂的智能系统。由此可见,产融集团系统的自组织过程要比自然系统复杂得多。产融集团系统发展的协同机理就是产融集团系统从无组织到有组织,从组织无序到组织有序的整个发展过程。在这个过程中,既有自组织演化,又有企业家意志的体现,还有外部环境涨落的影响。基于上述假设,本章对产融集团系统发展的三大协同机理进行研究,即产融集团系统生成的动力机制、产融集团系统生成的过程机制和产融集团系统协同发展能力的演化机制。该研究为科学认识和理解产融集团系统的协同规律及后文的协同效应的识别及评价机制和风险管理机制的构建提供整体思维框架。

3.1 产融集团系统生成的动力机制

产融集团是产业组织和金融组织之间资本和管理相互渗透、相互融合而生成的新型企业集团,是产融结合的债权模式向股权模式自组织演化的动态均衡。产融集团通过自组织和他组织策略将多个产业和金融业结合在一起,构成了由多个子系统相融合的产融系统。在序参量和控制参量的作用下,产融系统通过内部各子系统的竞争、共存与合作,实现自组织演化运动,促使产融系统由无序走向有序,从产融分离走向产融结合。本节在分析产融集团系统序参量基础上,分析产融集团各子系统之间的协同与竞争,从而探求产融集团系统生成的动力机制。

3.1.1 产融集团系统的序参量

产融集团系统是一个复杂系统，其各个子系统之间不是简单的线性关系，而是相互影响、相互制约的非线性关系。同时，产融集团系统的产业资本、金融资本、人力资本等子系统又可以进一步细分，因此，产融集团系统是拥有一定层次的、高阶的系统整体。这个复杂系统的核心就是通过各子系统的整合与协同能力的提升，来创造和提升产融集团系统的协同价值。由此可见，产融集团系统的协同发展能力即是产融集团系统的序参量，它处于集团系统的核心地位，决定着集团系统的有序化水平和演化过程。

协同学的役使原理认为，系统有序结构是由少数几个缓慢增加的变量决定的，所有子系统都受这些“慢变量”的支配，并通过它们描述系统的演化[47]。产融集团系统是经济金融化和产业集群化背景下产业资本和金融资本演化博弈的结果，因此，产融集团系统协同发展能力不一定产融一结合就自然表现出来，它需要产业资本、金融资本、人力资本等要素的自组织协同作用才能自创生和自催化，也就是说，产融集团系统协同发展能力是集团系统发展的慢变量，即序参量。由此可见，产融集团系统协同发展能力符合产融集团系统的序参量特征，是集团子系统协同运动程度的集中体现，它表示系统的有序结构和程度；产融集团系统的整个时空行为都是由集团系统协调发展能力这一序参量役使的，其他各子系统都作用于这个序参量，并受其支配。如果我们可以把产融集团系统看作一个动力学系统，它通过其各子系统的协同合作，以自组织的方式涌现新的属性；把产融集团系统的各子系统看成序参量役使的具体分量，则产融集团系统协同发展能力就是产融集团系统的序参量。

产融集团系统协同发展能力满足以下定理：

定理 1 产融集团系统协同发展能力大于产融集团系统各子系统的个别发展能力之和。

即：设产融集团系统协同发展能力为 v，第 i 子系统的发展能力贡献为 $v'(i=1,2,\cdots,n)$，第 i 子系统的个别发展能力为 $v_i(i=1,2,\cdots,n)$，则

$$v > \sum_{i=1}^{n} v_i \tag{3.1-1}$$

定理 2 各子系统从产融集团系统获得的发展能力大于各子系统本身发展能力的贡献。

协同学的差异协同律认为，系统发展的原因在于系统内部的差异性、协同性和自组织性[49]。根据资源理论，产业资本和金融资本在投资模式、市场空间、客户范围、人力资本、经营管理、财务运作等资源方面存在差异，产融结合后系统内部不可避免地产生资源互补、价值增进、市场替代以及战略冲突等非线性作用，使其不能够完全整合。在有阻力的情况下，产融集团系统需要克服阻力而做功，系统能量和有序度将逐步趋于减弱。阻力的大小与产业资本和金融资本之间资源的整合度、管理的协同度、财务的关联度、人力资本的配置度等有关，方向与产融协同价值发展方向相反。因此，需要有控制力的存在以促使产融集团协同发展能力朝着正的方向发展并维护产融集团系统的稳定性，这个力就是产融集团系统的序参量：产融集团系统协同发展能力。当然，作为序参量的产融集团系统协同发展能力又可以细分为资源整合能力、管理协同能力、财务关联能力和人力资本配置能力等参量。这些参量之间的竞争与合作形成系统涨落，进而影响序参量的有序程度，即通过涨落达到有序或高级有序。

就产融集团系统协同发展能力自组织角度而言，信息的沟通、资源的整合、文化的重构以及风险的控制是促使产融协同能力有序演化的催化剂；就产融协调能力他组织而言，法制的健全、监管的到位、市场的有序以及“防火墙”的构建是规范产融协同有序发展的维护器。

3.1.2 产融集团系统的自组织运动[74]

1. 产融集团系统的受力分析

首先是产融集团系统的摩擦阻力。由于产业资本和金融资本在投资模式、市场空间、客户范围、人力资本、经营管理、财务运作等资源方面存在诸多差异，因此产融集团系统内部不可避免存在着摩擦。摩擦力的方向与产融集团系统协同发展能力跃迁的方向相反，阻力的大小与产业资本和金融资本之间资源的整合度、管理的协同度、财务的关联度、人力资本的配置度等有关，与产融集团系统协同发展能力变化成正比，方向与产融集团系统协同发展能力的发展方向相反。具体可表示为：

$$f=-\gamma v=-\gamma \frac{\mathrm{d}x}{\mathrm{d}t} \tag{3.1-2}$$

其次是产融集团系统的协同能力。产融集团系统在摩擦阻力的作用下，集团系统协同发展能力将逐步下降，并最终导致产融集团系统的解体；产融集团系统为了克服摩擦力的作用，通过自组织的信息沟通、资源整合、文化重构、风险控制和他组织的健全法制、加强监管、规范市场以及“防火墙”构建来促使产业资本、金融资本和人力资本之间产生协同力，提升系统协同发展能力，最终逐步增加产融集团系统的协同价值。因此，产融集团系统协同发展能力与产融集团系统的协同价值成正比关系，产业资本与金融资本的利益趋同一致性越好，协同能力和协同价值越大。具体可表示为：

$$F=ma \tag{3.1-3}$$

2. 产融集团系统的自组织运动方程

产融集团系统协同发展能力作为产融集团系统的序参量是通过自组织运动来维持和实现的。自组织过程结构的形成和演化路径是一种系统内催化过程。产融集团系统协同发展能力是在产融系统自组织演化过程中由产业资本、金融资本和人力资本之间的竞争与协同决定的。产融集团系统各子系统在一定涨落条件下，通过非线性的相互作用产生相干作用和协同效应，并通过这种作用涌现或催化出新属性的、功能更为有序的系统结构。这种协同运动意味着系统新的高级有序状态的出现，在宏观上表现为系统的自组织现象。

产融集团系统自组织运动的典型方程可以表示为：

$$\frac{\partial v}{\partial t}=(F-f)v-k_1v^3+c \tag{3.1-4}$$

上式表示产融集团单个子系统发展能力的运动。产融集团系统的状态随着时间的推移而改变，即态矢量 $v=v(t)$。假定 v 的时间变化由以下几个因素确定：①产融集团系统当前发展能力 v；②产融集团系统协同发展能力 F；③产融集团系统的摩擦阻力 f。$-k_1v^3$ 表示产融集团系统协同发展能力运动的非线性，k_1 是 v^3 项的常系数。

则由此可得到产融集团系统的势函数方程：

$$E(v)=-\frac{1}{2}(F-f)v^2+\frac{1}{4}k_1v^4 \tag{3.1-5}$$

3. 产融集团系统的动量及其加总

产融集团系统中的产业资本和金融资本在受到摩擦阻力和协同发展能力的作用时会产生动量：

$$\sum_i F_i = \frac{d}{\mathrm{d}t}\sum_i m_i v_i = \sum_i \frac{d}{\mathrm{d}t}p_i \tag{3.1-6}$$

其中，$\sum_i F_i$ 为系统所受的所有力的矢量和，$\sum_i \frac{d}{\mathrm{d}t}p_i$ 为系统的总动量。若用 F 和 P 分别表示所有力的矢量和与系统的总动量，则上式可改写为：

$$F=\frac{\mathrm{d}P}{\mathrm{d}t} \tag{3.1-7}$$

进一步将其写为微分形式，有：

$$F\mathrm{d}t=\mathrm{d}P \tag{3.1-8}$$

式中，$F\mathrm{d}t$ 称为系统所受合力的冲量，它表明系统所受合力的冲量等于系统总动量的增量。

3.1.3 产融集团系统生成的动力机制：竞争与协同

在两个或两个以上的产业资本与金融资本融合成产融集团系统以后，这个新的产融系统就有多个产业资本与金融资本的多个序参量($v_1,v_2,\cdots,v_m$)复合产生新的序参量 v。这些序参量会彼此竞争、妥协与合作，使系统产生自组织。由此可见，系统序参量的竞争与协同则是产融集团系统生成的动力机制。当然，序参量之间的竞争有可能出现一个序参量主宰系统的格局，另外一些序参量则成为辅助参量。

假设：①产融集团系统是由一个产业组织和一个金融组织组成的复杂系统；②协同能力存量，即序参量为 v，增长率为 g，损失率为 d。则其模型为：

$$\frac{\partial v}{\partial t}=g(t)-d(t) \tag{3.1-9}$$

增长率 g 和损失率 d 都与价值存量 v 相关，即：

$$\begin{cases} g=\alpha v+\beta \\ d=\gamma v+\delta \end{cases} \tag{3.1-10}$$

上式中的系数 α、γ 均与 v 无关，即不考虑 v 的变化对系数的反作用，则系数是由外部因素决定的，只要这些因素是常数，则有：

$$\frac{\partial v}{\partial t}=g(t)-d(t)=(\alpha-\gamma)v \tag{3.1-11}$$

这就是描述一个指数增长或指数衰减的产融集团系统协同发展能力系统。在这个系统中，产业资本、金融资本以及人力资本形成的组织制度或公司治理结构的不同安排可能产生以下几种结果：

(1)竞争与协同。产业资本与金融资本结合后，两者之间相互影响、相互作用，在产生资源整合和财务协同的同时也存在着资源竞争和管理冲突。这一竞合关系可以表示为：

$$\begin{cases}\dfrac{\partial v_1}{\partial t}=\alpha_1 v_1-\beta_1 v_1^2 \\ \dfrac{\partial v_2}{\partial t}=\alpha_2 v_2-\beta_2 v_2^2\end{cases} \tag{3.1-12}$$

式中，v_1、v_2 分别表示产业资本与金融资本的发展能力，α_1、α_2 分别表示发展能力变化量与存量的关系，$\beta_1 v_1^2$、$\beta_2 v_2^2$ 表示发展能力变化量是非线性变化。

令$\dfrac{\partial v_1}{\partial t}=\dfrac{\partial v_2}{\partial t}=0$，可得 v_1 和 v_2 的定态方程，解此方程可得定态解 v_1^0 和 v_2^0。由此可见，产融集团系统中竞争与协同是同时出现的。

(2)共生现象。产业资本与金融资本结合后，相互协同合作成为两子系统的主题，它们的相互合作实现资源整合与能力协同的互利互惠，因此，一个子系统的发展能力存量的增长率是以另一个子系统的发展能力存量为条件的，故有：

$$\begin{cases}\dfrac{\partial v_1}{\partial t}=(\alpha_1+\beta_1 v_2)v_1-\delta_1 v_1 \\ \dfrac{\partial v_2}{\partial t}=(\alpha_2+\beta_2 v_1)v_2-\delta_2 v_2\end{cases} \tag{3.1-13}$$

在定态时，$\dfrac{\partial v_1}{\partial t}=\dfrac{\partial v_2}{\partial t}=0$，即

$$\begin{cases}\dfrac{\partial v_1}{\partial t}=(\alpha_1+\beta_1 v_2)v_1-\delta_1 v_1=0 \\ \dfrac{\partial v_2}{\partial t}=(\alpha_2+\beta_2 v_1)v_2-\delta_2 v_2=0\end{cases} \tag{3.1-14}$$

解此方程组得到两组解：

第一组解：$v_1=v_2=0$，没有意义。

第二组解：$\begin{cases}\alpha_1+\beta_1 v_2-\delta_1=0\\ \alpha_2+\beta_2 v_1-\delta_2=0\end{cases}$

通过对第二组解的稳定性分析可知，在 v_1 和 v_2 都足够大的初始条件下，产业资本与金融资本的发展能力存量呈指数化增长，这正是体现了产融集团系统的协同效应。由此得到该分析的结论：产业资本、金融资本以及人力资本的发展能力存量越大，产融结合后整体系统发展能力增长的潜能就越大。

协同学是研究复杂开放的系统内各子系统如何协同运行和发展的理论。它用序参量描述一个系统宏观有序的程度，且序参量之间的协同合作与竞争决定着系统从无序到有序的演化进程。在具有协同性质的产融集团系统中，产融集团系统协同发展能力是其序参量，良性序参量在自组织作用下促使集团系统趋向协同有序，而不良序参量则促使集团系统加速逆向发展，成为约束系统有序化的因素。因此，具有异质性的产业资本和金融资本在协同合作与竞争过程中，既形成了良性的协同发展能力，又形成了不良的风险摩擦阻力，两种力量在竞争与合作中推进产融集团系统的有序演化和自组织生成。

3.2 产融集团系统生成的自组织演化过程

产融集团系统在其序参量之间的协同合作与竞争共同作用下，从系统无序向系统有序不断演化。产融集团系统有序化过程，既是集团系统内部各子系统自组织演化的动态均衡过程，又是产业企业家和金融企业家行为支付的演化博弈过程，还是产融结合的债权模式向股权模式自组织演化的耗散结构过程。因此，本书把产融集团系统生成的过程机制分为三个内容，即产融集团系统生成的自组织演化过程、产融集团系统生成的演化博弈过程和基于Brusselator模型的产融集团系统的生成演化过程。本部分首先研究产融集团系统生成的自组织演化过程。

自组织理论的核心思想在于通过寻找影响系统协同演化的序参量，并通过一定的他组织策略，对序参量施加外部压力，来提升系统的自组织协同程度。就产融集团系统而言，产融集团把多个产业和金融业组织融合在一起，构成了有多个子系统构成的产融集团系统。这一系统中既有趋于协同发展的因素，又有趋于协同受阻的涨落。在所有这些因素中，有些因素主宰着产融集团系统的协同程度，这些因素就是产融集团系统演化的序参量。应用自组织理论来研究产融集团的自组织演化问题，旨在寻找影响产融集团协同演化的主导因素，即序参量，并施加外部他组织策略，即协同监管来提升产融集团系统自组织协同程度，从而揭示产融集团的自组织演化机制和过程。基于此，本节尝试构建一个自组织模型来描述产融集团系统的自发形成过程，并分析这一过程的内在因素及其演化规则。

3.2.1 产融集团系统生成的自组织演化模型[75][76]

在产融集团系统演化过程中，我们假设产业系统、金融系统以及产融系统的发展遵循 Logistic 规律发展变化。为分析方便起见，系统的发展规模 x_i 用总资产或总利润或几个因素的多元函数表示；r_i 表示产业资本或金融资本发展固有的增长率；k_i 表示一定经济资源条件下产业资本或金融资本可能的最大规模。理论和实践的研究表明，产业资本或金融资本的发展相互影响，既竞争又合作，形成一种竞争力耦合的竞合机制。竞争既可能带来正效应也可能带来负效应，我们用相关系数 k_{ij} 表示竞争的影响，且 $-1<k_{ij}<1$；有效的合作能提升企业的竞争力，而无效的合作则会降低企业的竞争力，我们用协作系数 σ_i 来表示合作的影响，且 $-1<\sigma_i<1$。基于上述假设，可以得到以下系统演化方程：

$$\frac{\mathrm{d}x_i}{\mathrm{d}t}=r_i x_i\left(1-\frac{x_i}{k_i}-\sum_{i\neq j}k_{ij}x_j+\sum\sigma_i\frac{x_i}{k_j}\right) \tag{3.2-1}$$

为分析方便起见，我们进一步假设一个产业资本和一个金融资本的产融结合，两个系统之间发生了协同现象，实现了自组织演化。则产融集团系统的演化方程则是联立方程组：

$$\begin{cases}\dfrac{\mathrm{d}x_1}{\mathrm{d}t}=r_1 x_1\left(1-\dfrac{x_1}{k_1}-k_{12}x_2+\sigma_1\dfrac{x_2}{k_2}\right)\\[2ex]\dfrac{\mathrm{d}x_2}{\mathrm{d}t}=r_2 x_2\left(1-\dfrac{x_2}{k_2}-k_{21}x_1+\sigma_2\dfrac{x_1}{k_1}\right)\end{cases} \tag{3.2-2}$$

由上述系统方程组可以得到 $(0,0)$、$(k_1,0)$、$(0,k_2)$ 和 $\left(\dfrac{k_1(k_2k_{12}-\sigma_1-1)}{(k_2k_{12}-\sigma_1)(k_1k_{21}-\sigma_2)-1},\dfrac{k_2(k_1k_{21}-\sigma_2-1)}{(k_2k_{12}-\sigma_1)(k_1k_{21}-\sigma_2)-1}\right)$ 四个不动点，通过这四个不动点来分析系统的稳定性，其矩阵是：

$$A=\begin{bmatrix}\left.\dfrac{\partial x_1}{\partial x_1}\right|_f & \dfrac{\partial x_1}{\partial x_2}\\ \dfrac{\partial x_2}{\partial x_1} & \left.\dfrac{\partial x_2}{\partial x_2}\right|_f\end{bmatrix}=\begin{bmatrix}r_1\left(1-\dfrac{2x_{1f}}{k_1}\right)-k_{12}x_{2f}+\dfrac{\sigma_1}{k_2}x_2 f & r_1\left(\dfrac{\sigma_2}{k_2}-k_{12}\right)x_1-k_{12}\\ r_2\left(\dfrac{\sigma_1}{k_1}-k_{21}\right)x_2-k_{21} & r_2\left(1-\dfrac{2x_{2f}}{k_2}-k_{21}x_1+\dfrac{\sigma_2}{k_1}x_1\right)\end{bmatrix}$$

(3.2-3)

对其进行稳定性分析：

(1)(0,0)点，$A=\begin{bmatrix}r_1 & 0\\ 0 & r_2\end{bmatrix}$

此时，$\tau=r_1+r_2>0$，$\Delta=r_1r_2>0$，$\tau^2-4\Delta=(r_1-r_2)^2\geqslant 0$。分析表明，(0,0)点是不稳定的不动点，即产融集团系统在产业资本和金融资本规模为0的情况下是不稳定的、不可能存在的。

(2)(k_1,0)点，$A=\begin{bmatrix}-r_1 & r_1k_1\left(\dfrac{\sigma_1}{k_2}-k_{12}\right)0\end{bmatrix}$

此时，$\tau=r_1+r_2(1-k_{21}k_1+\sigma_2)$，$\Delta=-r_1r_2(1-k_{21}k_1+\sigma_2)$。如果$(1-k_{21}k_1+\sigma_2)>0$，则$\Delta<0$不动点为鞍点；若$(1-k_{21}k_1+\sigma_2)<0$，则$\tau<0$，$\tau^2-4\Delta=[r_1+r_2(1-k_{21}k_1+\sigma_2)]^2\geqslant 0$，则$\Delta>0$不动点为稳定点。即当$(1-k_{21}k_1+\sigma_2)>0$时，产融集团系统因为无效的竞争与合作而使得系统处于不稳定状态，并最终使得产融集团系统难以生存和发展而重新由产融结合走向产融分立；当$(1-k_{21}k_1+\sigma_2)<0$时，产融集团系统因为过度的竞争而使得合作无效，系统也处于不稳定状态，最终产融系统中产业资本和金融资本因竞争而相互捕获，或者只有一个资本存在或者产融集团系统合并为一个巨系统。

(3)(0,k_2)点，$A=\begin{bmatrix}r_1(1-k_{12}k_2+\sigma_1) & 0\\ r_2\left(\dfrac{\sigma_2}{k_1}-k_{21}\right)k_2 & -r_2\end{bmatrix}$

此时，$\tau=r_1(1-k_{12}k_2+\sigma_1)-r_2$，$\Delta=-r_2r_1(1-k_{12}k_2+\sigma_1)$。如果$(1-k_{12}k_2+\sigma_1)>0$，则$\Delta<0$不动点为鞍点；若$(1-k_{12}k_2+\sigma_1)<0$，则$\tau<0$，$\tau^2-4\Delta=[r_1(1-k_{21}k_1+\sigma_1)+r_2]^2\geqslant 0$，则$\Delta>0$不动点为稳定点。即当$(1-k_{12}k_2+\sigma_1)>0$时，产融集团系统内部耦合带来的协同效应超过有效竞争带来的限制效应，使得系统内部的竞争与合作并不处于均衡状态，长期内系统最终会因为这种振荡的存在而走向解体，产融集团系统并不能通过自组织演化而长期存在；当$(1-k_{12}k_2+\sigma_1)<0$时，产融集团系统内部由于产业资本和金融资本的过度竞争而使

得竞争产生的限制效应过大，最终导致两个系统合并为一个巨系统。

(4) $\left(\frac{k_1(k_2k_{12}-\sigma_1-1)}{(k_2k_{12}-\sigma_1)(k_1k_{21}-\sigma_2)-1},\frac{k_2(k_1k_{21}-\sigma_2-1)}{(k_2k_{12}-\sigma_1)(k_1k_{21}-\sigma_2)-1}\right)$点，

$$A=\begin{bmatrix}\frac{(1-k_2k_{12}+\sigma_1)}{(k_2k_{12}-\sigma_1)(k_1k_{21}-\sigma_2)-1} & \frac{r_1k_1(\sigma_1-k_2k_{12})(k_2k_{12}-\sigma_1-1)}{k_2[(k_2k_{12}-\sigma_1)(k_1k_{21}-\sigma_2)-1]}\\ \frac{r_2k_2(k_1k_{21}-\sigma_2-1)(\sigma_2-k_1k_{21})}{k_1[(k_2k_{12}-\sigma_1)(k_1k_{21}-\sigma_2)-1]} & \frac{r_2(1-k_1k_{21}+\sigma_2)}{(k_2k_{12}-\sigma_1)(k_1k_{21}-\sigma_2)-1}\end{bmatrix},$$

此时，$\tau=\frac{r_1(1-k_2k_{12}+\sigma_1)+r_2(1-k_1k_{21}+\sigma_2)}{(k_2k_{12}-\sigma_1)(k_1k_{21}-\sigma_2)-1}$，

$\Delta=\frac{-r_1r_2(1+\sigma_2-k_1k_{12})(1-k_2k_{12}+\sigma_1)}{(k_2k_{12}-\sigma_1)(k_1k_{21}-\sigma_2)-1}$。

如果$(1-k_{12}k_2+\sigma_1)>0$，且$(1-k_{21}k_1+\sigma_2)>0$，则$\tau<0,\Delta>0,\tau^2-4\Delta>0$，该不动点为稳定点；若$(1-k_{12}k_2+\sigma_1)<0$，且$(1-k_{21}k_1+\sigma_2)<0$，则$\tau>0,\Delta<0$，该不动点为鞍点。即当$(1-k_{12}k_2+\sigma_1)>0,(1-k_{21}k_1+\sigma_2)>0$时，产融集团系统内部产业资本和金融资本的协同合作比较有效，能通过耦合的相干作用和协同作用使系统长期保持稳定，产业资本和金融资本都能够获得发展；$(1-k_{12}k_2+\sigma_1)<0,(1-k_{21}k_1+\sigma_2)<0$时，产融集团系统内部产业资本和金融资本竞争与合作并不完全有效，系统处在一种不稳定的鞍点状态，产融集团系统最终有可能走向解体。

为进一步讨论竞争合作机制对产融集团系统自组织形成的作用，假设k_1,k_2相等且都大于1，则产融集团系统的稳定条件为$(1-k_{12}k_2+\sigma_1)>0,(1-k_{21}k_1+\sigma_2)>0$，当$\sigma_1,\sigma_2>0$时，两不等式成立的条件是$k_{12}<\frac{1+\sigma_1}{k_2},k_{21}<\frac{1+\sigma_2}{k_1}$，即要求竞争给产融集团系统伙伴双方带来的负效应要小于由合作带来的正效应与规模限制的商。当竞争给产融集团系统伙伴带来的效应增加了彼此的资源优势时，即$k_{12},k_{21}<0$时，则产融集团系统是一个稳定的系统，将在$\left(\frac{k_1(k_2k_{12}-\sigma_1-1)}{(k_2k_{12}-\sigma_1)(k_1k_{21}-\sigma_2)-1},\frac{k_2(k_1k_{21}-\sigma_2-1)}{(k_2k_{12}-\sigma_1)(k_1k_{21}-\sigma_2)-1}\right)$这一点稳定，系统可以通过自组织演化稳定地生存并成长；当$\sigma_1,\sigma_2<-1$时，由于产融集团系统伙伴合作带来的负效应大于竞争带来的正效应，则系统是不稳定的，最终会因为无效的竞争与合作而使产融集团系统由产融结合的股权模式走向产融分立的债权模式。

3.2.2 产融集团系统生成的自组织演化过程

上述产融集团系统自组织演化模型的分析表明，产业组织和金融组织依靠自身所拥有的物质、能量和信息，通过自身各部门之间的协同合作来提升其竞争能力和成长能力，这就构成了产融集团内部产业或金融业子系统的自催化过程。同时，产业组织和金融组织不断地与外界进行物质、能量和信息的交换，从外界环境吸收负熵，排出正熵，不断的提高其结构转型和系统协同能力，进而形成产业资本和金融资本之间不同的结合方式，可能是债权模式、股权模式或其他模式，这种通过自身发展和相互结合方式来影响其他组织发展的功能便构成了产融集团内部产业或金融业子系统之间的交叉催化过程。在耦合后的产融集团系统内部，产业资本和金融资本通过资源互补、要素整合、协同管理和学习效应，使得产融集团系统自组织程度或有序度逐步提升，在产融集团系统内部又形成一种自催化循环。同时，产融集团系统又向外界环境吸收负熵排出正熵进而改变系统外部环境系统，新的环境系统通过他组织方式对影响系统自组织的序参量施加外部压力来改变系统自组织状态，促使产融系统由低有序程度的债权模式进化到高有序程度的股权模式，在产融集团系统之间又形成了一种交叉催化循环。正是通过这种自催化和交叉催化的循环作用，使得产融集团系统由非组织演化到有组织、由组织程度低演化到组织程度高，并在更高的层次上由简单演化到复杂，最终实现产融集团系统的高级有序和高度协同。其具体的自组织演化过程可以用图 3.1 来描述。

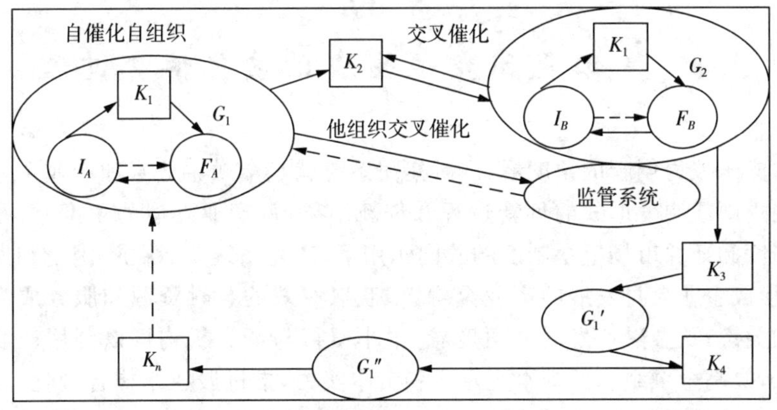

图 3.1 产融集团系统生成的自组织演化过程

在图 3.1 中，首先，产业组织 I_A 和金融组织 F_A 依靠自身拥有的要素资源通过内部协同来发展其成长规模和提升其核心竞争力，实现子系统的内部自催化循环。其次，受产融系统的信贷配给问题、逆向选择和道德风险问题等因素的制约，产业资本 I_A 和金融资本 F_A 在金融市场开放、金融管制放松、产业多元化趋势以及产业融合、产业集群、产业网络化模块化等条件 K_1 的催化下，产业和金融业交叉影响和催化，在"边信贷边交往边学习"的基础上，逐步建立共同信任和网络承诺，将外部交易费用内部化，催化出了建立在长期的银行一企业协同合作和共同联盟基础上的新型的产业金融秩序[77]，即产融型企业集团 G，实现了产融集团系统由非组织向有组织的动态演化。在耦合后的产融集团系统中，产业资本和金融资本信息共享、资源匹配和优势互补，通过战略协同、管理协同、经营协同和财务协同，从而达到整体价值大于各子系统价值的整体协同效应，在系统内部形成一种自催化循环，促使产融集团系统由组织程度低到组织程度高的自组织演化。再次，伴随信贷关联交易风险、资金短贷长投风险、利益冲突风险等新环境问题 K_2 的出现，产融集团系统一方面通过内部自组织跃迁提升其风险管理能力和协同管理能力，另一方面通过外部监管体系及其他产融集团系统的他组织策略对内部自组织行为施加影响和压力，在系统之间形成交叉催化循环，促使产融集团系统在更高层次上由简单有序演化到高级有序。正是在这一动态的连续的自催化和交叉催化、组组织和他组织的循环演化机制的推动下，产融系统在跨越无数分岔和混沌的产融结合的网络谱系后，最终收敛于稳定程度、协同程度和有序程度高度跃迁的产融型企业集团系统。

3.3 产融集团系统生成的演化博弈过程

从熊·彼得创新的角度看，产融集团系统就是金融企业家和产业企业家相互交往规则或制度形式的创新过程和创新结果；从产业发展的角度看，在信贷配给制度和证券市场壁垒制度的共同作用下，产业系统陷入融资困境和发展陷阱，而形成企业自身发展的产业金融链、获取有效的金融资源和服务成为困境博弈的关键；从金融业发展的角度看，中小银行与证券机构可以利用产业资本的进入，提高金融组织的资本充足率和资本实力，推进股权结构合理化、完善金融业法人治理机制，并化解中小金融机构的金融风险。因此，以产融共生与协同发展为标志的产融集团系统的发展就成了提高产融核心竞争力、创值能力、自生能力、风险管理能力的理性选择。

我们把产融集团系统看成是金融企业家和产业企业家有意识地进行融资交往和学习决策的一种动态演化过程，是产融结合的债权模式和股权模式在企业家风险程度、博弈支付和初始制度状态的协同作用下的演化均衡。基于这一假设，本节通过企业家的学习竞争模型和进化博弈模型来解释我国产融集团系统的内在决定因素，并由此解释产融集团系统的演化路径和过程。

3.3.1 产融企业家的学习行为模型

在产融集团系统生成演化过程中，受决策主体有限理性及不确定和非线性环境的影响，金融企业家和产业企业家的风险感受及其学习过程就成为产融集团系统生成演化的关键。正是在这一意义上，我们把产融集团系统看作是产融企业家的决策过程，不同的企业家具有不同的风险感受、选择不同的产融结合模式，他们的群体利益组合和不同利益群体的力量对比决定着产融结合的不同模式。伴随着企业家在演化过程中的信息调整、学习竞争以及融资成本支付的比较，企业家风险感受的变化从而对产融结合模式与机构风格选择的变化以及群体动态复制的速度又决定着产融系统模式的演化[78]。

根据企业家内含的风险感受不同，我们把产融企业家分为保守型企业家和进取型企业家。前者对陌生事物具有很强的排斥度和敏感度，后者对冒险行为具有较高的偏好度和趋向度。我们引入一个简化的行为或文化倾向学习竞争模型来研究产融企业家主导下的产融系统演化机制[79]。首先考虑一个信息扩散过程[80]，假设：

$$\frac{\partial n}{\partial t}=kn(N-n)-dn\left(1-\alpha\frac{n}{N}\right) \tag{3.3-1}$$

式(3.3-1)中 N 代表企业家规模，n 是已掌握信息者的数目，$(N-n)$ 是需要接受新信息的学习者数目，k 表示学习过程中接受新信息者数目的增长率，$dn\left(1-\frac{n}{N}\right)$ 表示淘汰率或遗忘率，其中，d 是学习能力的衡量尺度或掌握技术的困难程度，α 表示企业家的敏感度，$\alpha>0$ 用来衡量企业家对创新或陌生事物的排斥度，属于保守型企业家；$\alpha<0$ 用来衡量企业家对创新或冒险行为的偏好度，属于进取型企业家。

由(3.3-1)式可以求出 n 的均衡解：

$$n^* = N\left(1-\frac{d}{kN}\right)/\left(1-\frac{d\alpha}{kN}\right) \tag{3.3-2}$$

由此我们发现：$n^*_{\alpha<0} < n^*_{\alpha=0} < n^*_{\alpha>0}$。这说明，具有进取、创新或冒险精神的企业家的均衡数目和总量规模要小于具有保守、排斥精神的企业家的均衡数目和总量规模。在同样的市场规模条件下，进取型企业家的数量劣势决定了他们需要更多的生存空间，而提高他们自身的学习能力和创新精神则是唯一的生存法则，产业创新或金融创新是其理性选择的均衡结果。

现在我们用一个简单的考虑不同风险态度的两个群体的学习竞争模型[81]，来探讨产业企业家群体和金融企业家群体的生存演化条件。

$$\begin{cases} \dfrac{\partial n_1}{\partial t} = k_1 n_1 (N_1 - n_1 - n_2) - d_1 n_1 (1-\alpha_1 \dfrac{n_1}{N}) \\ \dfrac{\partial n_2}{\partial t} = k_2 n_2 (N_2 - n_2 - n_1) - d_2 n_2 (1-\alpha_2 \dfrac{n_2}{N}) \end{cases} \tag{3.3-3}$$

式(3.3-3)中，n_1，n_2 分别代表产业和金融业两个群体中已掌握信息者的数目。为简便起见，我们假设 $k_1 = k_2 = k$，$N_1 = N_2 = N$。由此，我们就可以将式(3.3-3)简化为：

$$\begin{cases} \dfrac{\partial n_1}{\partial t} = s_1 n_1 (M_1 - n_1 - \beta_{12} n_2) \\ \dfrac{\partial n_2}{\partial t} = s_2 n_2 (M_2 - n_2 - \beta_{21} n_1) \end{cases} \tag{3.3-4}$$

式(3.3-4)中，s_1，s_2 是产业和金融业有效增长率；M_1，M_2 表示产业和金融业对环境或资源的有效承载力；β_{12}，β_{21} 代表有效竞争系数，即竞争最重要的稀缺性资源而相互影响、相互限制对方的增长速度。我们据此可以求出：

$$M_i = \left(N - \frac{d_i}{k}\right)/\left(1-\frac{\alpha_i d_i}{kN}\right)$$

$$s_i = k\left(1-\frac{\alpha_i d_i}{kN}\right)$$

$$\beta_{ij} = 1/\left(1-\frac{\alpha_j d_j}{kN}\right) \tag{3.3-5}$$

依据(3.3－5)式,我们可以最终推出两个企业家群体竞争共存的条件是:

$$\beta_{ji}M_i < M_j < M_i/\beta_{ij} \tag{3.3-6}$$

或者:

$$\left(1-\frac{\alpha_1 d_1}{kN}\right)\left(1-\frac{\alpha_2 d_2}{kN}\right)>1 \tag{3.3-7}$$

依据上述模型,我们发现:

(1)当 $\alpha_1>0$ 且 $\alpha_2>0$ 时,即两种保守型的企业家群体不能共存共生。当他们竞争同样的金融资源,其结果只能是一种群体完全取代另一种群体。此时,在两种企业家群体的博弈下,产融系统的演化倾向于产融分立的债权模式。

(2)当 $\alpha_1<0$,$\alpha_2<0$ 且 $d_1=d_2$ 时,即如果两个企业家群体具有同等的学习能力,则两个进取型企业家群体可以共存共生。此时,在两种企业家群体的博弈下,产融系统的演化倾向于产融结合的股权模式。

(3)当 $\alpha_1>0$,$\alpha_2<0$ 时,即一个保守型企业家群体,一个进取型企业家群体,由式(2)的均衡解及其结论 $n^*_{\alpha<0}<n^*_{\alpha=0}<n^*_{\alpha>0}$ 可知,最终前者会完全取代后者。此种情况下,进取型群体唯一的生存策略就是不断提高其自身的学习能力和创新能力,逐步使 d 越来越小;一旦创新停止,进取型企业家群体就会在竞争中被保守型企业家群体捕食。此时,在两种企业家群体的博弈下,产融系统的演化倾向于产融结合的股权模式被产融分立的债权模式捕获,并逐步被债权模式锁定而陷入产业发展的困境。

(4)当 $\alpha_1>0$,$\alpha_2<0$ 且 $d_1\neq d_2$ 时,保守型企业家群体和进取型企业家群体之间的竞争结果就会有多种多样的可能。此时,产融系统模式的稳定均衡既可能收敛于产融分立的债权模式,也可能收敛于产融结合的股权模式,而产融系统的演化均衡收敛于哪种模式受企业家群体自组织的学习能力、博弈支付和系统外部制度环境的他组织作用的影响。

3.3.2 产融集团系统的演化博弈模型

基于上述企业家风险感受假设的学习行为模型分析,我们认为,产融结合模式的演变是金融创新企业家和产业创新企业家融资交往和学习决策的一种动态演化过程,产融集团系统是产融结合的债权模式和股权模式在企业家风险程度、博弈支付和初始制度状态协同作用下的演化均衡。由于产融企业家的交往和融资过程是在一个不确定性和有限理性的空间进行的动态学习和反复调整的过程，因此，本书我们用一个演化博弈模型来分析产融企业家在“边贷款边学习”过程中产融结合的股权模式或产融集团系统的自发形成过程，并说明这一过程的内在因素及其演化规则。

1. 基本假设和模型建立

我们建立的产融集团系统演化博弈模型有两个演化稳定战略，分别对应于产融系统演化过程中自发形成的两种产融结合模式，一是产业企业家和金融企业家通力合作的股权模式，一是产业企业家和金融企业家相对独立的债权模式。

在演化博弈论[82]中，最核心的概念是演化稳定策略(Evolutionary Stable Strategy，ESS)和复制动态(Replicator Dynamics)。ESS表示一个群体抵抗变异策略侵入的一种稳定状态，其定义为：若策略 s^* 是一个ESS，当且仅当：①s^* 构成一个纳什均衡，即对任意的 S，有 $u(s^*, s^*)\geqslant(s^*, s)$；②如果 $s^*\neq s$ 满足 $u(s^*, s^*)=(s^*, s)$，则必有 $u(s^*, s)>u(s, s)$。复制动态是描述某一特定策略在一个群体中被采用的频数或频度的动态微分方程。根据演化原理，一种策略的适应度或支付比群体的平均适应度高，则该策略就会在群体中发展，可以用微分方程表示为：

$$\frac{1}{X_k}\frac{\mathrm{d}X_k}{\mathrm{d}t}=[u(k,s)-u(s,s)]>0, k=1,\Lambda K \qquad (3.3-8)$$

式(3.3-8)中 X_k 表示一个群体中采用策略 k 的比例，$u(k,s)$表示采用策略 k 时的适应度，$u(s,s)$是平均适应度，k 表示不同的策略。

本书假设产融系统中有两类博弈群体，即产业企业家群体和金融企业家群体，每类群体具有两种企业家风险态度类型：风险进取型和风险保守型。且两个群体都有两种选择策略：股权模式和债权模式。如果两个风险进取型群体配对，其稳定均衡的产融系统模式为股权模式；如果两个风险保守型群体配对，其稳定均衡的产融系统模式为债权模式。进一步假设没有一个组织来设计或安排产融系统，系统是自组织演化形成的，产业企业家和金融企业家根据其他成员的策略选择和自身在群体中的相对适应度来学习、选择和调整各自的策略和模式。由此，根据猎鹿博弈的思想，构建产融系统模式博弈的支付矩阵，如表3.1所示。

表 3.1 产融系统结合模式博弈矩阵

	金融企业家群体 F		
产业企业家群体 I		股权模式 S	债权模式 S
	股权模式 S	$\pi_I+\Delta V_I-\Delta R_I, \pi_F+\Delta V_F-\Delta R_F$	π_I-C_{Is}, π_F
	债权模式 B	π_I, π_F-C_{Fs}	π_I, π_F

在我国产融集团发展过程中，影响产融结合股权模式的原因，既有融合因素，又有分立因素。融合因素包括：产业战略调整与融合带来的战略协同效应；规模经济范围经济及金融资产专用性带来的经营协同效应；要素共享、资源匹配、品牌及客户融合、知识转移与扩散带来的管理协同效应；融资成本降低、节税利益、分散风险带来的财务协同效应。分立因素包括：产融分业经营制度下产融股权结合的制度惩罚；产融股权结合后内部关联交易风险、整合错位风险、利益冲突风险、投资组合风险、财务杠杆风险及行为道德风险等。基于上述分析，则该矩阵中 π_I, π_F 分别表示产业企业家群体 I 和金融企业家群体 F 都选择债权模式时的正常支付；ΔV_F、ΔV_I 分别为博弈双方都选择股权模式时得到的产融协同效应的超额利益，且超额利益总和为 ΔV，并有：$\Delta V=\Delta V_F+\Delta V_I$；$\Delta R_F$、$\Delta R_I$ 分别为博弈双方都选择股权模式时受到的产融协同风险的意外损失，且意外损失总和为 ΔR，并有：$\Delta R=\Delta R_F+\Delta R_I$；$C_{Fs}$、$C_{Is}$ 分别为博弈双方为选择股权模式所投入的初始成本，即博弈双方选择、评估合作伙伴等前期所支付的成本。

2. 博弈过程的演化稳定战略

由于有限理性的存在，产融双方企业家对自己两种模式选择的收益支付具体数据并不清楚，因此，上述博弈并不存在明确的纳什均衡；由于资金供求双方企业家不同的风险态度，因此，其最佳的战略选择需要一个学习和调整的过程。这样，上述产融系统结合模式的演化可以用一个由两个微分方程组成的系统来描述，并利用非对称复制动态进化博弈求解[77][83]。假设 p 表示博弈初始时间产业企业家群体中选择股权模式的比例，则选择债权模式的比例就是 $1-p$；q 表示博弈初始时间金融企业家群体中选择股权模式的比例，则选择债权模式的比例就是 $1-q$。那么，由表 1 可得，产业企业家选择债权模式的适应度 U_{IB}、选择股权模式的适应度 U_{IS} 以及平均适应度 $\overline{U}_I$ 分别为：

$$U_{IB}=q\pi_I+(1-q)\pi_I \tag{3.3-9}$$

$$U_{IS}=q(\pi_I+\Delta V_I-\Delta R_I)+(1-q)(\pi_I-C_{IS}) \tag{3.3-10}$$

$$\overline{U}_I=pU_{IS}+(1-p)U_{IB} \tag{3.3-11}$$

因此,产业企业家 I 选择股权模式的复制动态方程由(3.3-8)、(3.3-10)、(3.3-11)式可得:

$$F(p)=\frac{\mathrm{d}p}{\mathrm{d}t}=p[U_{IS}-\overline{U}_I)]$$

$$F(p)=\frac{\mathrm{d}p}{\mathrm{d}t}=p(1-p)[(\Delta V_I-\Delta R_I+C_{IS})q-C_{IS}] \tag{3.3-12}$$

同理可得,金融企业家 F 选择股权模式的复制动态方程为:

$$F(q)=\frac{\mathrm{d}q}{\mathrm{d}t}=q(1-q)[(\Delta V_F-\Delta R_F+C_{FS})p-C_{FS}] \tag{3.3-13}$$

方程(3.3-12)表明,仅当 $p=0,1$ 或 $q=C_{IS}/(\Delta V_I-\Delta R_I+C_{IS})$ 时,产业企业家 I 选择股权模式的比例是稳定的;方程(3.3-13)表明,仅当 $q=0,1$ 或 $p=C_{FS}/(\Delta V_F-\Delta R_F+C_{FS})$ 时,金融企业家 F 选择股权模式的比例是稳定的。

按照 Friedman(1991)提出的方法[84],对于一个由微分方程系统描述的群体动态,其均衡点的稳定性可由该系统的雅可比矩阵的局部稳定性分析得到。方程(3.3-12)和(3.3-13)组成的雅可比(Jacobian)矩阵为:

$$\det J=\begin{bmatrix}(1-2p)[(\Delta V_I-\Delta R_I+C_{IS})q-C_{IS}] & p(1-p)(\Delta V_I-\Delta R_I+C_{IS}) \\ q(1-q)(\Delta V_F-\Delta R_F+C_{FS}) & (1-2q)[(\Delta V_F-\Delta R_F+C_{FS})p-C_{FS}]\end{bmatrix}$$

而雅可比(Jacobian)矩阵的迹是:

$$\begin{aligned}\operatorname{tr}J=&(1-2p)[(\Delta V_I-\Delta R_I+C_{IS})q-C_{IS}]+(1-2q)\\&[(\Delta V_F-\Delta R_F+C_{FS})p-C_{FS}]\end{aligned}$$

上述单一方程的分析表明,方程(3.3-12)、(3.3-13)组成的系统有 5 个局部均衡点,使用雅可矩阵的局部稳定分析法对 5 个局部均衡点进行稳定性分析,其结果可见表 3.2。

表 3.2 局部稳定分析结果

均衡点	detJ	trJ	结果
$p=0,q=0$	$C_{IS}\cdot C_{FS}$	$-(C_{IS}+C_{FS})$	ESS
$p=0,q=1$	$(\Delta V_I-\Delta R_I)\cdot C_{FS}$	$\Delta V_I-\Delta R_I+C_{FS}$	不稳定
$p=1,q=0$	$(\Delta V_F-\Delta R_F)\cdot C_{IS}$	$\Delta V_F-\Delta R_F+C_{IS}$	不稳定
$p=1,q=1$	$(\Delta V_I-\Delta R_I)(\Delta V_F-\Delta R_F)$	$\Delta R_I+\Delta R_F-\Delta V_I-\Delta V_F$	ESS
$p=C_{FS}/(\Delta V_F-\Delta R_F+C_{FS})$ $q=C_{IS}/(\Delta V_I-\Delta R_I+C_{IS})$	$\dfrac{C_{IS}(\Delta V_I-\Delta R_I)C_{FS}(\Delta V_F-\Delta R_F)}{(\Delta V_I-\Delta R_I+C_{IS})(\Delta V_F-\Delta R_F+C_{FS})}$	0	鞍点

由表 3.2 可知，该系统的 5 个局部均衡点中仅有 2 个点是稳定的，是演化稳定战略(ESS)，它们分别对应于产业企业家和金融企业家产融结合的两种模式：债权模式和股权模式。另外，该系统还有两个不稳定的均衡点($p=0,q=1$)，($p=1,q=0$)和一个鞍点($C_{FS}/(\Delta V_F-\Delta R_F+C_{FS})$，$C_{IS}/(\Delta V_I-\Delta R_I+C_{IS})$)。

图 3.2 描述了两类企业家产融交往和演化博弈的动态过程。由两个不稳定的均衡点 $A(1,0)$；$B(0,1)$及鞍点 $D(C_{FS}/(\Delta V_F-\Delta R_F+C_{FS}),C_{IS}/(\Delta V_I-$

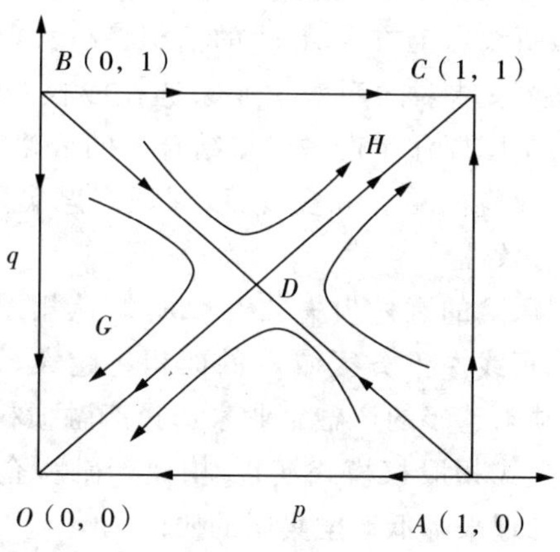

图 3.2 金融系统模式动态演化相图

ΔR_I+C_{IS}))连成的折线可以看成系统收敛于不同状态的临界线，初始状态在该折线左下方区域 G 内时，系统将收敛于 $O(0,0)$ 点，即所有产业企业家和金融企业家都选择债权模式；初始状态在该折线右上方区域 H 内时，系统将收敛于 $C(1,1)$ 点，即所有产业企业家和金融企业家都选择股权模式。当 $C_{FS}/(\Delta V_F-\Delta R_F+C_{FS})=C_{IS}/(\Delta V_I-\Delta R_I+C_{IS})$ 时，系统收敛于两种模式的概率相同，即折线 ABD 左右的区域面积 G 和 H 相等；当 $C_{FS}/(\Delta V_F-\Delta R_F+C_{FS})\neq C_{IS}/(\Delta V_I-\Delta R_I+C_{IS})$ 时，系统收敛于两种模式的概率不同，具体收敛于哪种模式是多种因素共同作用的结果。

3. 模型分析

上述演化博弈模型分析表明：①在一定的信息扩散机制下，产融系统将收敛于哪种模式受产融企业家的不同风险感受及其学习行为能力的影响；②在一定的信息引导机制下，产融系统将收敛于哪种模式受到博弈发生的初始制度及环境状态的影响；③产融集团系统的自组织演化依赖于股权模式和债权模式的相对支付。因此，在产融集团系统演化博弈过程中，构成博弈双方支付函数的某些参数的初始值及其变化将导致产融系统演化向不同的均衡点收敛。从上述演化博弈模型来看，影响产融集团系统演化的参数主要有：产融股权结合的协同效应产生的超额收益 ΔV_I、ΔV_F；产融股权结合的协同风险引致的意外损失 ΔR_I、ΔR_F；双方为产融股权结合而付出的初始成本 C_{Fs}、C_{Is}；产融双方的贴现因子 δ_I、δ_F 等。

(1)产融集团协同效应的超额收益 ΔV_I、ΔV_F。从相图 3.3 上看，协同效应产生的超额收益越大，折线右上方区域 H 的面积将越大，系统收敛于均衡点 $C(1,1)$ 的概率增加，即越来越多的产融企业家选择股权结合的产融集团模式。在实践中，就要求产融集团要注重产融股权结合后的战略协同、管理协同、经营协同、财务协同等协同效应的培育和实现，以保证产融集团中产业资本和金融资本融合的稳定性和有效性。

(2)产融集团协同风险的意外损失 ΔR_I、ΔR_F。从相图 3.3 上看，协同风险产生的意外损失越大，折线左下方区域 G 的面积将越大，系统收敛于均衡点 $O(0,0)$ 的概率增加，即越来越多的产融企业家选择产融债权结合模式。因此，要实现产融结合由债权模式相股权模式演化，构建产融型企业集团，就要求通过外部监管和内部协同管理来降低产融集团的协同风险。

(3)产融企业家为股权结合模式而付出的初始成本 C_{Fs}、C_{Is}。初始成本主要是指博弈双方选择、评估产融结合伙伴等前期所支付的成本，这与制度环境相

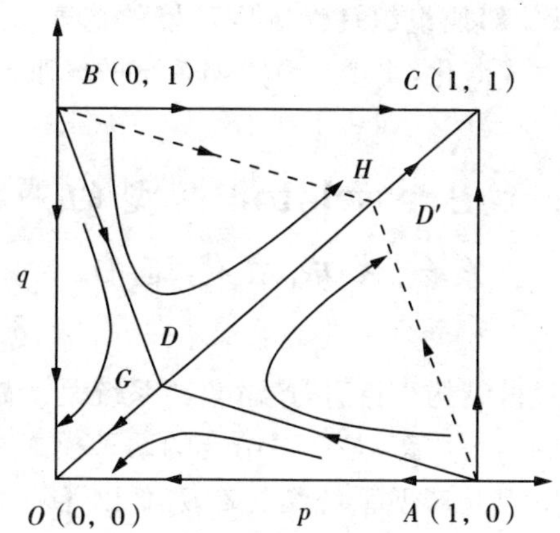

图 3.3　金融系统模式动态演化相图

关。在分业经营制度管制放松、金融业进入门槛降低以及良好的诚信机制与合作精神的环境下，产融企业家为股权结合模式而付出的初始成本就会较低，折线右上方区域 H 的面积就会增大，演化系统收敛于 $C(1,1)$的概率增加，产融系统趋向于股权结合的产融集团模式。在实践中，就要求放松分业经营的初始制度的金融管制，构建良好的产融集团生成与发展的制度环境。

(4)产融双方的贴现因子 δ_I、δ_F。产融双方的贴现因子可以理解为产融双方企业家对产融股权结合的意愿程度以及相互对未来融合协同效应、超额收益的依赖程度等。贴现因子越大，产融股权结合的意愿程度越大，未来协同收益对双方带来的效应越大，折线右上方区域 H 面积越大，产融系统收敛于 $C(1,1)$的概率越大；反之，产融双方结合意愿程度越低且双方都比较重视短期利益的机会主义行为，贴现因子越小，将不利于产融系统向股权结合的产融集团模式演化。

3.3.3　基本结论

上述分析表明，产融集团系统的演化方向和路径与博弈双方的支付矩阵、产融企业家的风险感受及其学习行为能力有关，并受到系统演化初始的制度及环境状态的影响。此外，产融股权结合的协同效应产生的超额收益、产融股权结合的协同风险引致的意外损失、双方为产融股权结合而付出的初始成本以及产融双方的贴现因子等都是影响产融集团系统生成演化的重要序参量。实践中，我们只有提高产融集团的协同效应和自组织能力、降低产融集团的协同风险和脆弱性,并辅之以外部他组织良性制度环境的构建,才能促使我国产融系统由债权模式向股权模式演化,实现产融集团系统的健康发展。

3.4 基于 Brusselator 模型的产融集团系统生成演化过程

从自组织理论和耗散结构理论看,产融集团系统是产融结合的债权模式向股权模式自组织演化的动态均衡,是产融结合的两种模式在外部环境涨落和内部系统熵变协同作用下引起产融系统结构有序度和管理模式跃迁的耗散结构过程。耗散结构理论作为一个用于分析远离平衡态的开放性系统的有力工具,已经应用于交通管理、工程管理以及金融管理等诸多领域的研究[85-86]。尤其是耗散结构理论中的 Brusselator 模型更是在产业系统和金融系统的管理中得到广泛应用[87-88]。基于此,本书尝试把 Brusselator 模型引入我国产融集团系统生成演化过程的研究,在产业扩散和催化的基础上,构建我国产融集团生成演化的 Brusselator 模型,旨在揭示我国产融集团自组织演化的路径和过程。

3.4.1 产融集团系统生成演化的 Brusselator 模型特征

1. Brusselator 模型

Brusselator 模型是一个耗散结构演化的动力学模型,是描述化学反应过程中化学元素变化的一类反应扩散方程组[89]。该模型的化学反应式如下[90]:

$$A \xrightarrow{K1} X \qquad (1)$$

$$B+X \xrightarrow{K2} Y+D \qquad (2)$$

$$2X+Y \xrightarrow{K3} 3X \qquad (3)$$

$$X \xrightarrow{K4} E \qquad (4) \qquad (3.4-1)$$

其中 A、B 是反应物,在反应中不断消耗,但可以不断得到外界的补充;D、E 是生成物,一经生成即可被取走,且保持不变;X、Y 是反应因子,在反应过程中浓度可以变化。这一模型最重要的是第三组反应,因为组(3)反应系统中的 X 既是反应物又是生成物,存在着自催化反应。该模型 1968 年由 Prigogine 和

Niclis 提出，原称“三分子反应模型”[91]，后来 Tyson 称它为布鲁塞尔器模型[92]。

(1)布鲁塞尔器模型Ⅰ(Brusselator Ⅰ)。根据质量作用定律和反应方程，可以建立求解模型的动力学方程。假定 X、Y 浓度保持不变，不考虑逆反应过程，则 Brusselator 模型反应扩散方程组为：

$$\begin{cases}\dfrac{\mathrm{d}X}{\mathrm{d}T}=k_1A-k_2BX+k_3X^2Y-k_4X\\[2ex]\dfrac{\mathrm{d}Y}{\mathrm{d}T}=k_2BX-k_3X^2Y\end{cases}\tag{3.4-2}$$

再假定其动力学常数为1，且不考虑扩散现象，则整个反应的动力学方程可转化为：

$$\begin{cases}\dfrac{\mathrm{d}X}{\mathrm{d}T}=A-(B+1)X+X^2Y\\[2ex]\dfrac{\mathrm{d}Y}{\mathrm{d}T}=BX-X^2Y\end{cases}\tag{3.4-3}$$

令 $\dfrac{\mathrm{d}X}{\mathrm{d}T}=0$，$\dfrac{\mathrm{d}Y}{\mathrm{d}T}=0$，可求得上式联合方程组的定态解为：

$$\begin{cases}X_0=A\\[2ex]Y_0=\dfrac{B}{A}\end{cases}\tag{3.4-4}$$

稳态点附近的系统稳定性结果如下：①当 $B=1+A^2$ 时，定态解是稳定的焦点；②当 $B<1+A^2$ 时，定态解是稳定的，从不同初始状态开始的运动轨迹线都回归于定态点；③当 $B>1+A^2$ 时，定态解不稳定，从不同初始状态出发的运动轨迹线最终将进入同一周期轨道的极限环。在极限环的不同位置上，X、Y 有不同的浓度，且随着时间和环境的变化而趋向于同一周期性运行轨道。

(2)布鲁塞尔器模型Ⅱ(Brusselator Ⅱ)。前面讨论的 Brusselator 模型Ⅰ是不含扩散项的，但在实际的化学反应系统中，扩散现象是客观存在的。因此，我们在其基础上加入扩散项，为简单起见，假设系统浓度足够稀薄、无交叉扩散效益且诸组分的扩散系数均保持为常量，则 Brusselator 模型反应扩散方程组变为：

$$\begin{cases}\dfrac{\partial x}{\partial t}=A-(B+1)x+x^2y+D_x\dfrac{\partial^2 x}{\partial r^2}\\ \dfrac{\partial y}{\partial t}=Bx-x^2y+D_y\dfrac{\partial^2 y}{\partial r^2}\end{cases} \tag{3.4-5}$$

式(3.4－5)表明，组分浓度 X 和 Y 同时是时间 t 和空间位置 r 的函数。由于化学反应与扩散相耦合，布鲁塞尔器经自组织而形成的耗散结构是多种多样的。当平衡解(A,B/A)不稳定时，式(3.4－5)反应扩散方程的演化会出现分岔和极限环，系统行为表现为一个在时间上振荡的周期性变化的系统自组织行为。

通过上述分析，我们可以得到如下结论：①系统出现自组织耗散结构的基本条件就是：$B>1+A^2$；②Brusselator 模型研究的是一个在时间上振荡的、基于不同浓度而涨落的周期性变化的系统自组织行为；③Brusselator 模型最大的特点就是反应中包含着自催化和交叉催化反应。

2. 产融集团系统生成演化的 Brusselator 模型特征

上述分析表明，Brusselator 模型是一个模拟系统自组织行为和耗散结构演化的动力学模型，产融集团的生成机制与 Brusselator 模型描述的化学反应动力学过程存在着一定程度的相似性，都是远离平衡的开放性系统，都是不断地在外部环境涨落催化下引致系统内部熵变，从一种平衡态向另一种新的平衡态非线形跃迁过程。产融集团生成过程中产融结合的债权模式和股权模式起自催化作用，且两种模式呈周期性变化，其结果不同于传统的合作与非合作博弈而最终达到一个均衡，而是两种结合模式长时间停留在一个时间上振动、空间上扩散的过程；产融集团最终趋向于一个确定的周期振荡解，即由于企业家风险感受的相对稳定性和有限理性以及企业家学习行为的滞后性和反复性，产融系统模式的演化必然是一个漫长的过程，并可能会在很长时间内产融结合的两种模式保持一种竞争共生、跃迁回流的状态。

由此可见，产融集团系统生成演化具有 Brusselator 模型特征，Brusselator 模型完全适用于我国产融集团系统生成演化过程的分析和研究。下面，本书从动态演化的角度考察产融结合模式的外部涨落与内部熵变，在产业扩散和催化的基础上构建我国产融集团生成的 Brusselator 模型并进行模型的理论分析。

3.4.2 产融集团系统生成演化的Brusselator模型分析

1. 基本假设与模型建立

首先，我们将 Brusselator 模型的反应因子转换定义，即将 A、B、D、E、X、Y 所代表的意义转变为产融结合和产融集团生成演化过程中的因素。转换定义如下：

假设1：A、B 为产业系统和金融系统演化过程中遇到的问题以及相应问题的浓度，即问题的强烈程度、紧迫程度和重要程度。例如产业系统的融资困境、资金链条风险、产业竞争压力与战略调整等问题及其浓度；金融系统的信用风险、资本充足率、金融资产流动性和安全性等问题及其浓度。

假设2：X、Y 为产融结合的两种不同模式，X 为金融资本和产业资本信贷关系的债权模式；Y 为产业资本和金融资本股东关系的股权模式。演化过程中 X、Y 浓度可以变化。X、Y 的浓度即产融结合的债权模式和股权模式的稳定程度、协同程度和有序程度。

假设3：D、E 为产业资本和金融资本两种结合模式生存与发展的组织目标。例如，融资成本最小化目标、完善公司治理结构目标、提高核心竞争力目标、组织创值能力目标、调整企业发展战略目标等。其中，D 为债权模式组织目标，E 为股权模式的组织目标。

假设4：K_1、K_2、K_3、K_4 为系统演化过程中不同时期的条件和环境，对演化方向和强度起刺激和催化作用。例如产融集团生成过程中的外部性交易费用、产业多元化经营、金融市场开放与金融管制的放松、全能银行制潮流以及产业融合、产业集群、产业网络化模块化的趋势等条件和环境。

基于上述定义和假设，产融集团生成的 Brusselator 模型构建如下[93]：

$$A(\text{问题 I 类})\xrightarrow{K1}X(\text{债权模式}) \qquad (1)$$

$$B(\text{问题 II 类})+X\xrightarrow{K2}Y(\text{股权模式})+D(\text{组织目标 I}) \qquad (2)$$

$$2X+Y\xrightarrow{K3}3X(\text{债权模式的演化}) \qquad (3)$$

$$X\xrightarrow{K4}E(\text{组织目标 II}) \qquad (4) \quad (3.4-6)$$

2. 模型的理论分析

该模型定态解的含义可以解释为：A 是 I 类问题域中的问题，正是为了解决

A 而产生了模式 X，对其最低要求是能够解决问题 A，所以 $X_0=A$；但是，当出现新的问题 B 时，模式 X 就会失灵，此时必须演化出新的模式 Y，而对 Y 的最低要求是既能解决问题 A，又能解决问题 B，所以 $Y_0=B/A$。在这一发展过程中，问题 B 充当了反常问题的角色，当反常问题 B 对原有模式的冲击不大、负熵变有限，即问题的"阀值"达不到临界值时，原有模式依然有效；而当反常问题 B 对原有模式的冲击尖锐、负熵流巨变，即问题的"阀值"达到或超过临界值时，原有模式就会失灵，从而催生出新的模式。

我们以银行和企业的网络系统自组织演化为例来解读产融集团生成的 Brusselator 模型。初始条件下，产业系统和金融系统的资金供求关系问题 A 在分业经营与管制等条件 K_1 刺激下催生出了产业和金融业信贷关系的债权模式 X；在其后的发展中，产融系统出现了债权模式 X 不能解决的问题 B，例如产融系统的信贷配给问题、逆向选择和道德风险问题等；此时，在条件 K_2 的冲击下，催生出了产业和金融业相互融合的股权模式 Y。也就是说，在金融市场开放、金融管制放松、产业多元化趋势以及产业融合、产业集群、产业网络化模块化等条件的催化下，产业和金融业在"边信贷边学习"的基础上，逐步建立共同信任和网络承诺，将外部交易费用内部化，催化出了建立在长期的银行一企业协同合作和共同联盟基础上的新型的产业金融秩序，即股权模式 Y。在参量 $B>1+A^2$ 的条件下，产融集团的生成表现为一种循环共演化的过程，即原有组织模式 X 在经过竞争模式 Y 的竞争和推动，X 模式不但没有被取代，反而有了明显的进化，逐步从低级形式向高级形式跃迁。也就是说，当 Y 模式较好地解决了问题 A 和问题 B 后，X 模式又会在 Y 模式的基础上进行自催化，实现自组织修正、完善和提高，即 $X\rightarrow 2X$。同时，伴随信贷关联交易风险、资金短贷长投风险、利益冲突风险等新条件 K_3 的出现，X 模式又会在 Y 模式的基础上进行交叉催化，即 $2X+Y\xrightarrow{K_3}3X$，而经交叉催化后的 X 模式又会在新条件 K_4 的催化下产生新的生存和发展愿景，使产业系统、金融系统以及产融系统共同从混乱无序状态到有序状态的演化。这个生成演化过程可以用图 3.4 表示。

产融集团自组织生成路径分析表明，产业组织和金融组织依靠自身所拥有的物质、能量和信息，通过自身各部门之间的协同合作来提升其竞争能力和成长能力，这是系统自催化过程。产业组织和金融组不断地与外界进行物质、能量和信息的交换，形成产业资本和金融资本之间不同的结合方式，可能是债权模式、股权模式或其他模式，这种通过自身发展和相互结合方式来影响其他组织发展的功能就是交叉催化过程。在产融集团系统内部，产业资本和金融资本通过资源互补、要素整合、协同管理和学习效应，使得产融集团系统自组织程度或有序度逐步提升，在系统内部形成一种自催化循环。产融集团系统又向外界环境吸收负熵排出正熵进而改变系统外部环境系统，新的环境系统通过他组织方式对影响系统自组织的序参量施加外部压力来改变系统自组织状态，促使产融系统由低有序程度的债权模式进化到高有序程度的股权模式，这是系统之间的一种交叉催化过程。正是在这一意义上，产融集团的自组织生成过程可以看作是产业组织和金融组织通过自催化和交叉催化形成了高一层次的债权或股权结合的产融系统，这一高层次的产融系统又通过系统内部的自催化和系统之间的交叉催化，促使产融系统由低有序度的债权模式进化到高有序度的股权模式的协同演化过程。

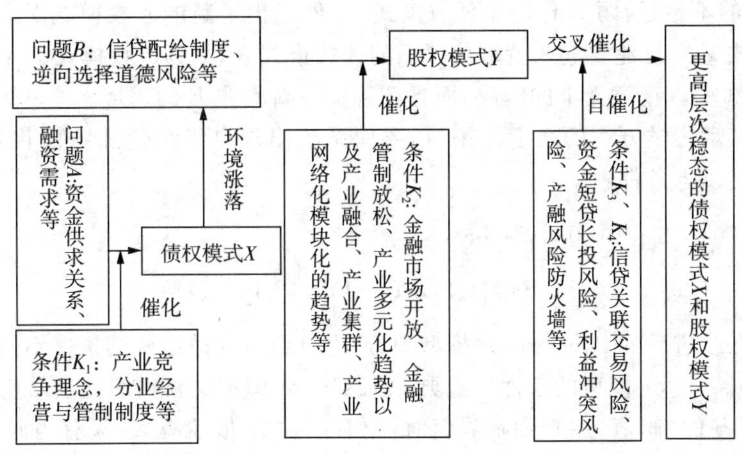

图 3.4 基于经典 Brusselator 模型的产融集团系统生成演化过程

3. Brusselator 模型的改进

上述 Brusselator 模型说明了原有债权模式在环境涨落、系统熵变的催化下逐步跃迁的过程，却不能解释债权模式被股权模式所取代的现象。为此，我们对 Brusselator 模型改进如下：

$$A(\text{问题 I 类})\xrightarrow{K_1}X(\text{债权模式}) \qquad (1)$$

$$B(\text{问题 II 类})+X\xrightarrow{K_2}Y(\text{股权模式})+D(\text{组织目标 I}) \qquad (2)$$

$$X+2Y \xrightarrow{K_3} 3Y(\text{股权模式的演化}) \quad (3)$$

$$Y \xrightarrow{K_4} E(\text{组织目标 II}) \quad (4) \quad (3.4-7)$$

在假设、定义和算法相同的条件下,可求得上式联合方程组的定态解为:

$$\begin{cases} X_0 = A(A^2+B) \\ Y_0 = A \end{cases} \quad (3.4-8)$$

这个定态解的含义不是很明显,但我们可以将其解释为:按照产融系统演化的顺序来看,先有问题 A,为解决问题 A 而催化出了债权模式 X,但债权模式 X 并不能完全低成本高效率的实现问题 A 的解决。问题 B 的出现揭示了债权模式 X 的不足,问题 B 作用于债权模式 X,催化出了新的股权模式 Y。而新的股权模式 Y 一旦建立起来就取代了旧的债权模式 X,因为股权模式 Y 不仅实现了对问题 A 真正意义上的解决,而且还解决了新问题 B 的困境。

从其动力学方程的稳定性来看,要使系统出现自组织耗散结构状态,A、B 必须满足以下条件:

$$0<A<1;$$

$$0<B<\{1/2(8A^2+1)-(2A^2+1)\}; \quad (3.4-9)$$

即在改进后的 Brusselator 模型中,产生自组织耗散结构的条件不同于前述经典 Brusselator 模型的条件。经典 Brusselator 模型的自组织耗散结构的条件是:问题 B 的"阀值"达不到临界值时,原有模式 X 依然有效;只有当问题 B 的"阀值"达到临界值时,原有模式 X 才会失灵,从而催生出新的模式 Y,即导致新模式 Y 出现主要在于问题 B 的强烈程度、紧迫程度、重要程度;而在改进后的 Brusselator 模型中,如果原有的债权模式 X 一直存在一个不能解决的问题 B,则新的股权模式的出现就不再在于问题 B 的强烈程度、紧迫程度、重要程度,而在于问题 B 的性质。改进后的 Brusselator 模型反应扩散方程的定态解及耗散结构条件的数值计算表明,反应扩散过程在时间振荡、空间结构上存在多种不同形式,对应着产融集团生成的演化路径和演化规律。

(1)如果扩散系数很大,则系统将在空间上保持均匀,X 和 Y 的浓度,即产融结合的债权模式与股权模式的稳定程度、协同程度和有序程度将随时间持续振荡,这时的相规线是极限环。这表明,在产融集团生成过程中,如果产融系统属于复杂巨系统，扩散系数很大，则债权模式和股权模式的竞争共生将随时间持续振荡，但最终的相规线就是极限环，即无论选择何种初始条件，产融系统演化的方向肯定是股权模式的路径。

(2)如果时间上恒定，则 X 和 Y 在空间上非均匀分布。这说明，在产融集团生成的不同时点上，债权模式和股权模式会呈现非均匀分布，有时债权模式居于主导，有时股权模式居于主导。但由于新模式出现的根本原因不在于问题的强度，而在于问题的性质，因此，只要产业和金融业之间存在着债权模式 X 不能解决的问题 B，产融系统演化的均衡点必然收敛于问题性质决定的股权模式。

(3)如果 X 和 Y 浓度不够高，系统不能维持均匀，此时得到一个对应于浓度波传导的空间—时间结构，即：在产融集团生成过程中，如果反应扩散属于微涨落，系统则不能维持均匀，在债权和股权两个极端模式之间存在对应于不同稳定程度、协同程度和有序程度的不同中间过渡模式，并有可能随着涨落的回归，在临界点附近区域迂回徘徊，从而形成债券模式和股权模式之间无数分岔和混沌的产融结合的网络谱系。这个演化过程可以用图 3.5 表示。

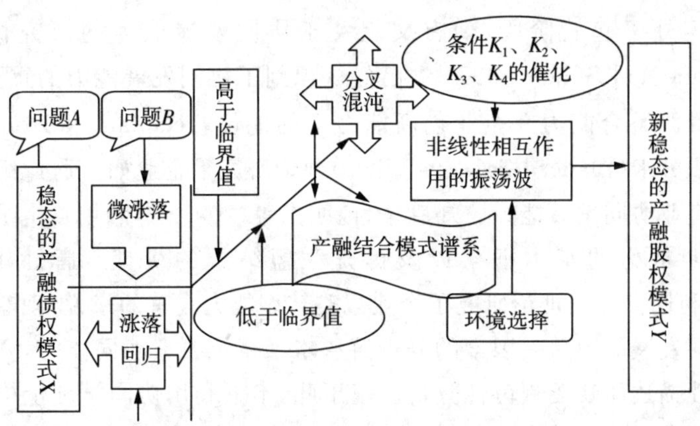

图 3.5　基于经典 Brusselator 模型的产融集团系统生成演化过程

3.4.3 基本结论

Brusselator 模型是一个模拟系统自组织行为和耗散结构演化的动力学模型，产融集团系统的生成机制与 Brusselator 模型描述的化学反应动力学过程存在着一定程度的相似性，都是远离平衡的开放性系统，都是不断地在外部环境涨落催化下引致系统内部熵变，从一种平衡态向另一种新的平衡态非线形跃迁的过程。基于此，文章首次把Brusselator模型引入我国产融集团生成机制的研究，从动态的角度考察产融结合模式的外部涨落与内部熵变；并在产业扩散和催化的基础上，构建了我国产融集团生成的Brusselator模型，描绘了产融集团自组织演化的路径和规律。分析结果表明，产业资本和金融资本动态演化的定态解既取决于两者之间问题的强烈程度、紧迫程度、重要程度，又取决于两者之间问题的性质；产业资本和金融资本动态演化的均衡模式对应于产融结合两种模式的稳定程度、协同程度和有序程度，但产融系统在跨越无数分岔和混沌的产融结合的网络谱系后，必然收敛于新稳态的产融股权模式。

3.5 产融集团系统协同发展能力的演化机制

上述分析表明，产融集团系统协同效应的实现和协同价值的提升主要取决于产融集团系统的序参量，即协同发展能力的自组织跃迁。但由于协同发展能力的研究还处于起始阶段，现有文献关于协同发展能力的研究极为少见。Teece、Pisano and Shuen(1997)[94]已经认识到了协同发展能力的重要性，并研究了企业资源整合能力在企业创新能力中的地位。Kaplan、Norton(2006)[95]运用平衡积分卡(Blanced Scorecad，BSC)理论研究了企业如何通过组织协同能力来创造企业协同发展能力。郑胜华、芮明杰等(2007)[96]利用自组织理论研究了企业联盟能力的基本框架以及提升联盟绩效的机理。唐健雄、王国顺(2008)[97]利用自组织理论研究了企业战略转型能力。总的来说，现有研究要么侧重于协同发展能力单一因素的分析而忽略了系统要素协同能力，要么仅仅局限于一般性描述而缺乏规范性分析。基于此，本书利用协同学理论构建产融集团系统协同发展能力的自组织运动方程，并通过非平衡相变、对称性破缺和分岔现象的描述来研究产融集团系统协同发展能力的演化过程。

3.5.1 产融集团系统协同发展能力的理论模型

协同发展能力是以资源整合协同运行为基础的能力，而产融集团系统又包括产业资本、金融资本、人力资本和无形资产等四类资源，由此构成产融集团系统协同发展能力的思维结构，并可表示为：

产融集团系统协同能力=F(产业资本、金融资本、人力资本、无形资产)

由于系统构成要素的多样性、异质性和局部的非均衡性,它们之间错综复杂的相互影响、相互作用使得它们在共同实现整体系统目标时不断地进行竞争与协同,这就成为系统演化的基础动力。根据自组织的协同学理论,要素系统的自组织过程不存在以特定方式作用于系统的外力,因而有序结构的形成和演化不能用状态变量对外力的响应过程来描述,而是一种内部过程。因此,我们把系统外部环境作用力看作是恒定的,其变化只是一种随机涨落,系统内部协同能力的形成和演化过程可近似看作是产融系统内部的自组织运动过程,是系统内各子系统之间的协同互动、状态变化和交叉催化的结果。用自组织方程加以描述,可建立如下产融集团系统协同发展能力的动力学理论模型:

$$\frac{\mathrm{d}S}{\mathrm{d}t}=-KS+g(I,F,H,A)+F$$

$$\frac{\mathrm{d}I}{\mathrm{d}t}=-K_1I+g_1(I,F,H,A)$$

$$\frac{\mathrm{d}F}{\mathrm{d}t}=-K_2F+g_2(I,F,H,A)$$

$$\frac{\mathrm{d}H}{\mathrm{d}t}=-K_3H+g_3(I,F,H,A)$$

$$\frac{\mathrm{d}A}{\mathrm{d}t}=-K_4A+g_4(I,F,H,A) \tag{3.5-1}$$

模型中的 I,F,H,A 和 S 分别表示产融集团系统的产业资本、金融资本、人力资本、无形资产和协同发展能力;K_1,K_2,K_3,K_4 和 K 分别表示 I,F,H,A 和 S 的变化率与原有状态的关系;g_1,g_2,g_3,g_4 和 g 分别表示产融集团系统的随机涨落外力引致的系统内产业资本、金融资本、人力资本、无形资产间的协同作用对系统中的 I,F,H,A 和 S 的变化率影响的大小;F 表示随机涨落外力对产融集团系统协同发展能力变化的影响,t 表示时间。

模型中的5个公式分别表明了产融集团系统协同发展能力及各子系统随时间变化的演化规律,同时该模型还描述了产融集团系统协同发展能力的自组织作用机理,自组织作用过程既促进了产融协同发展能力的形成与演化,也促进了系统内部各子系统的跃迁和变化。

根据协同学的侍服原理，系统的有序结构是由少数几个缓慢增加的模或变量决定的，所有子系统都受这少数几个模的支配，通过这几个慢变量即可对系统的演化做出描述。产融集团系统各子系统与外部环境经常进行物质、能量和信息的交换，直接受到外部环境的影响和作用，最终出现不稳定模支配稳定模、慢驰豫变量支持快驰豫变量的情形；同时，产融集团系统协同发展能力是由系统四个资源系统协同生成的，具有很大稳定性，对各子系统起支配作用，驱使各资源子系统的运动演化，进而达到自身的自组织演化。因此，我们无需关注所有的变量和因素，而只要抓住起决定作用的序参量，就能够通过少数变量来逐步把握系统的有序演化过程。

3.5.2 产融集团系统协同发展能力的自组织运动方程

表面上看来，尽管在各个学科的不同系统之间存在着许多差别，但是在从无序到有序的演化过程中它们遵从着相同或相似的几类偏微分方程（曾健、张一方，2000）[49]。我们可以从典型方程的求解和稳定性分析中研究协同学如何从动力学的角度得到内部协同的演化规律。而在协同学对系统的结构、性能和演化行为的研究都归结为对势函数的研究。势在社会系统中是指具有采取某种走向的能力，或者一种状态趋向另一种状态的能力，是系统内部各子系统之间相干作用的外在表现。因此，本节我们运用势函数来研究产融集团系统协同发展能力的自组织演化过程[59][61]。

最典型的势函数方程为：$V(q)=\frac{1}{2}Kq^2+\frac{1}{4}K_1q^4$，自组织运动方程为：$\bar{q}=-Kq-K_1q^3$。类似地，产融集团系统协同发展能力 S 非线性自组织运动方程可近似的表示为：

$$\frac{\mathrm{d}S}{\mathrm{d}t}=(-K+G)S-\beta S^3+F \tag{3.5-2}$$

式中，K 表示产融系统协同能力的变化率与原有状态的关系，$-\beta S^3$ 表示产融集团系统协同能力形成的非线性，F 表示外部环境随机涨落力的作用，G 表示促使产融系统自组织演化的控制参量。

相应地，产融系统协同发展能力的势函数可表示为：

$$V(S)=-\frac{1}{2}(-K+G)S^2+\frac{1}{4}\beta S^4 \tag{3.5-3}$$

式(3.5-3)是齐次的,$\vec{A}=0$ 一定是它的解。假设产融集团系统协同发展能力初始的稳定态用 $A=0$ 来描述,如果企业在运营过程中没有任何活动,它将永远保持在 $\vec{A}=0$ 的状态,不可能产生自组织,但这明显是不现实的。企业作为一个开放的系统,只要它持续经营,它就不断地与外界交换物质、信息和能量,企业内部的各资源子系统也会不断发生变化并产生相互作用,因而必然会不停地出现随机扰动,例如外部环境变化、系统内部关联交易、关键人员离职等等。各子系统的独立运动以及相互间的局部耦合,加上环境作用的随机波动等因素,最终使得协同能力的瞬时值经常偏离其平均值而出现起伏,这种起伏就是涨落。这些涨落不断冲击着产融集团系统,当出现巨涨落时便会产生新的有序状态,即符合边界条件的涨落会得到响应和放大,诱发系统演化支配力量,即序参量的形成,并由这些序参量主宰产融集团系统演化发展的方向和模式,使系统由原来的稳定态跃迁到一个新的稳定态,形成新的有序结构。因而,产融集团系统序参量,即系统协同发展能力的演化过程也是产融集团系统有序状态的一种提升过程,也可以说是产融集团系统新结构取代旧结构的过程。

对于势函数(3.5-3),改变控制参量 G 和 β 将会改变势函数的形状,该势函数的曲线形状由二次项的系数决定,且从势函数极小值的改变可以解释产融集团系统宏观状态的变化。对于该势函数,我们做如下分析:

(1)当 $(-K+G)<0$,势函数曲线如图3.6(a)所示。此状态下的产融系统协同能力运动演化行为,犹如一个处于势函数谷底的粒子,不断受到随机涨落外力的冲击,可能使其偏离谷底而沿势函数斜坡向上运动,但每次冲击之后最终在恢复力作用下又回到谷底。它表明集团系统协同发展能力演化的势能较弱,集团系统内部的协同作用较差。

(2)当 $(-K+G)>0$,势函数曲线如图3.6(b)所示。从势函数曲线形态可知,系统原来的平衡位置 $(S_0,0)$ 变成不稳定点。在没有涨落时,粒子在两个势能谷中以相同概率出现,协同发展能力随时都可能从 $(S_0,0)$ 点演化到新的均衡点 $(-S_1,V)$,$(+S_1,V)$,集团系统协同发展能力将从一个状态演变到多个可能的状态,形成系统的非平衡相变。它表明产融集团系统协同发展能力演化的势能较大,系统内部的自组织作用较强,不仅系统协同发展能力自身较易演化,而且还支配和强化资源子系统的演化。

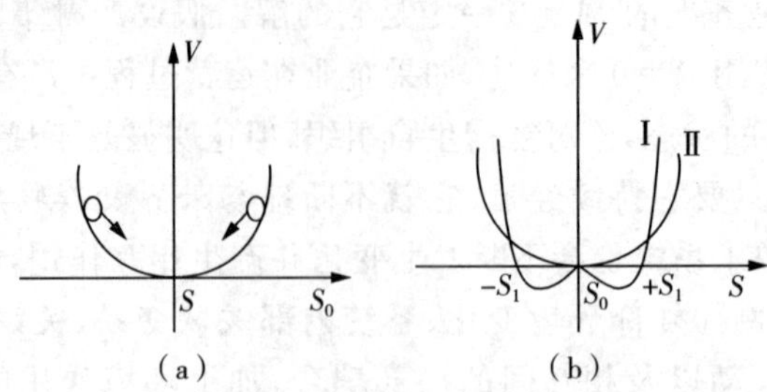

图 3.6 产融集团系统协同发展能力势函数曲线 I

3.5.3 产融集团系统协同发展能力的演化过程

产融结合是产融系统演化的一种突变，产融集团系统的生成过程及产融结合后的协同演化过程都满足复杂系统演化的条件，遵从复杂系统的演化规律，即：①系统都是开放的，并且处于远离平衡的非平衡状态；②当某一参量增长到达一定阀值时，原定态失稳，出现临界状态进而达到新的稳定态。这一过程是自发进行的，称为非平衡相变；③新的稳定态相对于旧的稳定态更为有序，是无序到有序的突变，称为非平衡状态下的有序化跃迁；④通过临界点形成有序结构后，对称性降低，称为对称性破缺。⑤系统接近临界点时，因涨落而偏离原定态后会出现分岔现象。下文我们将用产融集团系统的序参量，即系统协同能力的势函数运动曲线及其非平衡相变来描述这一演化过程[97]。

1. 非平衡相变

产融集团生成后经过长期的催化、涌现和累积，就会出现自组织结构和稳定状态，此时序参量把产融系统稳定在 S_0 状态。尽管系统内部结构和外部环境不断发生随机扰动，但由于系统处于平衡态附近，这些微涨落不会对稳定性产生重大影响。此时，产融集团系统协同发展能力的势函数曲线如图 3.7 中曲线Ⅰ所示，集团系统协同发展能力的运动遵循着其原有的轨迹。

随着外界控制参量的逐步改变，协同发展能力的演化规律也会随之发生变化。假设其他参数不变，当协同发展能力的势函数中二次项系数 $(-K+G)$ 从负到正变化时，其势函数曲线连续经历了如图 3.7 中Ⅰ－Ⅱ－Ⅲ的变化。势函数曲线的斜率越来越小，在原平衡点 S_0 处越来越平坦。它表明协同发展能力的演化力量不断增大，系统恢复原位的能力越来越弱，当演化力量大于维持原有状态的力量时，系统将远离平衡态，而停留在新的状态。此时，产融系统协同发展能力的演化范围增大，系统内资源要素 I,F,H,A 等的任何一个微小变动都会对系统协同发展能力的演化产生影响；同时，由于随机涨落力的作用，在远离平衡态的位置上，系统协同发展能力就会发生非平衡相变。并且，随着外参量的不断变化和新不稳定性的出现，这种过程会周而复始地进行，这就构成了一个无限循环的过程，一种产生新结构的循环过程。

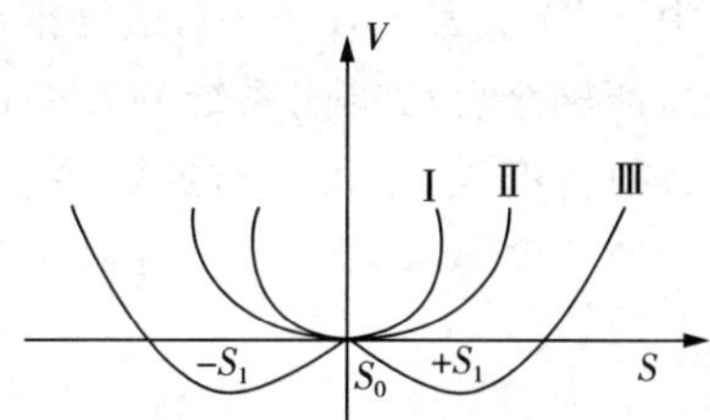

图 3.7 产融集团系统协同发展能力的非平衡相变

2. 对称性破缺

尽管图 3.7 中系统协同发展能力的势函数曲线从Ⅰ到Ⅲ的变化过程中，其对称性并没有发生变化，但对于曲线Ⅲ而言，系统的状态不能同时处于 $-S_1$，$+S_1$ 两点上，而只能选择其中的一点。这意味着非平衡相变实际上降低了原来系统的对称性，即发生了对称性破缺。在产融协同发展能力系统中，任一资源子系统的变动，都会改变相互间的关系和协同作用的结果，使系统协同发展能力发生演化。但不同的变动对产融集团作用不同，产生的结果也不同，这为产融系统协同发展能力的演化方向提供了多种选择，如图 3.7 中 $-S_1$，$+S_1$。但一旦某一资源子系统发生变动后，在产融系统内部自组织作用下，最终只会产生一种状态的协同发展能力，使势函数呈现出极端的不对称，即对称性破缺。

3. 分岔现象

随着相变过程的进行，势函数曲线由原来一个平衡态解 S_0 逐步演化为在临界点出现两个极值 $-S_1$，$+S_1$，这种现象就称为分岔。把平衡位置 S 作为 $(-K+G)$ 的函数表示出来，如图 3.8 所示。当 $G<K$ 时，$S_0=0$；当 $G>K$ 时，出现了分岔现象。图中 a_0 表示原始状态；a_0-a_1 表示产融集团的序参量开始离开系统的平衡态，处于非平衡的线性区；a_1 表示分岔点，即旧结构的不稳定点。由于系统外部市场、经济、政治等涨落作用，会使产融集团系统协同发展能力通过内部资源系统的自组织过程而得以跃升，进而带动产融系统演变到新的有序结构，即图中 a_1-b_1 或 a_1-b_2 这两个分岔分别对应于由不同资源系统变动引起跃升后的两种不同产融集团系统状态。处于这两个分岔任一点上的系统协同发展能力，不仅具有自身的自适应自稳定的功能，即保持和维护跃升后既有状态的功能，还具有探索性的自组织功能使产融集团系统不断成长。当外部环境有所变化，即在随机涨落力作用下，协同发展能力又会从一定的水平跃升到新的更高一层的水平，如图中 b_1 分岔为 c_1，c_3……，最终推动产融集团系统演化到高级有序状态。相对应地，产融结合后集团系统的发展过程也存在多种可能的结局，如果战略选择不当或执行有误，很可能造成资源协同度差，最终给企业带来损失和协同风险。

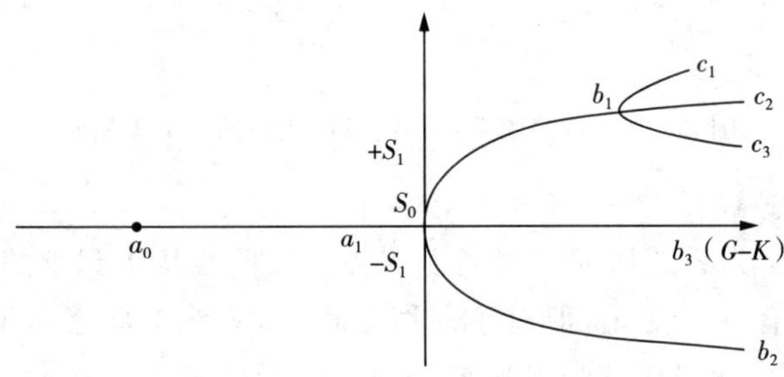

图 3.8　产融集团系统协同发展能力演化的分岔现象

3.5.4　基本结论

产融集团系统协同发展能力是由集团的产业资本、金融资本、人力资本和无形资产等结构性子系统构成的四维结构能力，其形成和演化是集团系统内部各子系统相互依存、相互作用、相互影响和相互协同的结果。产融集团系统子系统协同发展现状、四维结构整合匹配能力以及外部环境的随机涨落因素，从总体上决定了产融集团系统协同发展能力跃迁的方向、速度和水平。而且，产融集团系统协同发展能力是产融集团系统的序参量，其演化过程表现为势函数和非平衡相变过程。因此，要提升产融集团系统协同发展能力，必须通过产业资本、金融资本、人力资本和无形资产等结构性子系统的动态整合和协同运作，驱使产融集团系统协同发展能力的自组织形成、演化和运行，最终促进产融集团系统的价值提升和可持续发展。

3.6 本章小结

产融集团系统发展的协同机理就是产融集团系统从无组织到有组织，从组织无序到组织有序的整个过程。本章关于产融集团系统发展的协同机理的研究，主要包括三大内容：产融集团系统生成的动力机制、产融集团系统生成的过程机制和产融集团系统协同发展能力的演化机制。其中，产融集团系统生成的过程机制，我们又从三个角度来研究，即产融集团系统生成的自组织演化过程、产融集团系统生成的演化博弈过程和基于 Brusselator 模型的产融集团系统生成演化过程。

产融集团系统是拥有一定层次的、高阶的系统整体。这个复杂系统的核心就是通过各子系统的整合与协同能力的提升，来创造和提升产融集团系统的协同价值。由此可见，产融集团的系统协同发展能力即是产融集团系统的序参量，它处于集团系统的核心地位，决定着集团系统的有序化水平和演化过程。产融集团系统的自组织运动受到内部子系统的协同能力和摩擦阻力的共同作用，并在产业资本与金融资本的多个序参量复合产生新的序参量的竞争与合作的过程中，推动产融集团系统从无组织到有组织。

产融集团系统在其序参量之间的协同合作与竞争共同作用下，从系统无序向系统有序不断演化。产融集团系统有序化过程，既是集团系统内部各子系统自组织演化的动态均衡过程，又是产业企业家和金融企业家行为支付的演化博弈过程，还是产融结合的债权模式向股权模式自组织演化的耗散结构过程。因此，本书把产融集团系统生成的过程机制分为三个内容，即产融集团系统生成的自组织演化过程、产融集团系统生成的演化博弈过程和基于 Brusselator 模型的产融集团系统的生成演化过程。

本章构建一个自组织模型来描述产融集团系统生成的自组织演化过程，并分析这一过程的内在因素及其演化规则；构建一个演化博弈模型来解读产融集团系统生成的演化博弈过程，分析结果表明，产融集团系统的演化方向不仅与企业家的风险感受及其学习行为能力有关，还与双方博弈的支付矩阵相关，并受到产融系统初始制度及环境状态的影响；构建一个 Brusselator 模型来描述产融集团系统的生成演化过程，分析结果表明，产业资本和金融资本动态演化的定态解既取决于两者之间问题的强烈程度、紧迫程度、重要程度，又取决于两者之间问题的性质；产业资本和金融资本动态演化的均衡模式对应于产融结合两种模式的稳定程度、协同程度和有序程度，但产融系统在跨越无数分岔和混沌的产融结合的网络谱系后，必然收敛于新稳态的产融股权模式。

产融集团系统协同发展能力是由集团的产业资本、金融资本、人力资本和无形资产等结构性子系统构成的四维结构能力，其形成和演化是集团系统内部各子系统相互依存、相互作用、相互影响和相互协同的结果。本章利用协同学理论构建产融集团系统协同发展能力的自组织运动方程，并通过非平衡相变、对称性破缺和分岔现象的描述来研究产融集团系统协同发展能力的演化过程。分析结果表明，产融集团系统子系统协同发展现状、四维结构整合匹配能力以及外部环境的随机涨落因素，从总体上决定了产融集团系统协同发展能力跃迁的方向、速度和水平。而且，产融集团系统协同发展能力是产融集团系统的序参量，其演化过程表现为势函数和非平衡相变过程。因此，要提升产融集团系统协同发展能力，必须通过产业资本、金融资本、人力资本和无形资产等结构性子系统的动态整合和协同运作，驱使产融集团系统协同发展能力的自组织形成、演化和运行，最终促进产融集团系统的价值提升和可持续发展。

第4章 产融集团系统发展的协同效应研究

协同效应是产融集团系统生成的动力机制，也是产融集团系统自组织演化和发展的现实基础。但在实践中真正的协同很难实现。实证研究中，尽管我们能够发现产融结合后的绩效增长，但我们却无法肯定产融集团系统的绩效增长一定来自系统内部各子系统的协同效应。马克·塞罗沃(2001)就认为[98]，期望通过协同来获得与并购成本相匹配的收益是非常困难的；Michael E. Porter (1997)也认为[99]，协同的失败主要源于公司没有真正理解和正确实施它，而不是因为概念本身存在缺陷。因此，对于产融集团系统发展中协同效应的实现需要探索系统化的机制和路径，并能够准确识别和科学评价产融集团系统发展中的协同效应。本章基于企业异质性假设和资源理论，分析产融集团系统协同效应的来源渠道和实现机制；构建产融集团系统协同效应指标体系以实现协同效应的识别；构建模糊综合评价模型(F－AHP)以实现对产融集团系统协同效应指数的评价。

4.1 产融集团系统协同效应的实现机制

4.1.1 产融集团系统协同效应的基础：企业异质性假设[100－101]

在企业同质性假设(Enterprise homogeneity)条件下，企业间无成本的模仿、快速的扩张和行业的自由进入和退出，将使企业和行业处于长期均衡状态，即企业的长期超额利润是不存在的。在坚持新古典主义企业同质性假设的基础上，主流经济学及其企业理论无法解释不同企业或产业之间广泛存在的长期利润差距或超额利润的长期存在。为了弥补主流经济学的不足，随后的交易成本经济学、契约经济学以及基于该学说的产业组织理论把企业的利润来源归因于外在的市场结构特征,即企业的利润是外生的。但是,产业组织理论的这一观点却难以解释现实中同一行业内广泛存在的利润差距问题。

如前所述,无论是新古典经济理论、交易成本经济学还是产业组织理论都未能完全认识企业的本质,仅仅对企业出现的部分原因和特征有所论及,却忽视了企业最根本的内在特征:生产性特征或价值性特征。而企业的生产性特征或价值性特征是异质性(Enterprise heterogeneity)的,其动态优势是独特的、持久的和难以模仿的。

鲁梅尔特(Rumelt,1984)通过实证研究发现,企业的超额利润来源于企业内部资源禀赋的差异,而不是外在的市场结构特征[102]。在Rumelt开拓性研究的基础上,一些学者分别从企业内部资源基础的异质性(Barney,1991)[103]、核心竞争力(Prahalad,1990)[104]以及知识与能力(纳尔森、温特,1993)[105]等角度来讨论企业异质性活动所具有的长期动态优势的根源。彭罗斯(Penrose,1959)[106]更是特别强调企业所固有的能够逐渐拓展其生产机会的知识积累倾向对企业成长和演化的决定性作用,而知识的积累正是企业利润差异或竞争优势差异,即企业异质性的基础。图4.1对企业异质性假设的核心内容及其表现作出了一个简要的概述。企业的异质性表现为企业核心知识与能力的价值性与非竞争性,前者是指核心知识与能力能够为客户提供比竞争对手更高的附加价值和为企业带来超额利润,后者是指核心知识与能力是企业内部长期积累的结果而难以通过市场来模仿或获得。核心知识与能力的价值性与非竞争性构成了企业长期利润或持续竞争优势的来源。

上述分析表明,唯有承认产融集团系统中产业资本、金融资本、人力资本及无形资产的异质性特征,其内在价值才能在竞争协同中被激发出来,最终使得产融集团系统的整体价值获得一种"经济溢价",即获得一种协同性的价值创造。正是产业资本、金融资本、人力资本及无形资产的异质性,才为产融集合提供了协同的机会的识别,才为未来的协同效应提供了空间和指向基础。若产业资本与金融资本在管理、经营、财务、组织以及人力资本方面是同质的,产融结合后就无需实现资源整合与价值互补,就无法实现产融集团系统构建的协同价值创造的最初原动力。因此,企业异质性假设在产融集团系统中不是一个孤立的概念,而是系统内竞争与协同的前提,是实现产融集团系统协同效应的理论基础。

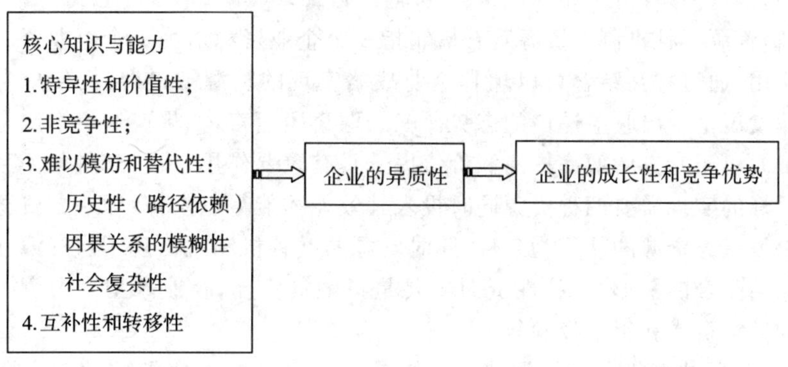

图4.1　企业异质性假设的核心内容

4.1.2　产融集团系统协同效应的来源：资源整合机制

产业资本与金融资本的异质性只是为产融集团系统协同效应的实现创造了基础条件，产融结合并不一定必然带来协同效应。根据哈肯的协同学理论，两个差异的系统通过一定方式结合在一起，类似于化学物质的接触，任何反应的发生都会引起两者的变化，从而带来产业资本和金融资本的自催化和交叉催化。根据资源理论，由于产业资本和金融资本的资源在数量、质量、时空、结构等方面存在差异，产融结合后相互之间可能产生替代、互补、共享、学习等多种非线性作用；同时，产融结合后双方资源组成的产融集团系统与外部环境也会发生共鸣与涨落。随着时间的推移，资源之间的差异会通过融合、协同与共振逐渐转变为合力与动力，推动系统向高级有序的方向发展。因此，企业异质性是产融集团系统协同效应的前提和基础，产融双方的资源正是按照差异→选择→非线性作用→协同的顺序演化的。本书认为，产融集团系统的协同效应来源于产业资本、金融资本、人力资本及等资源的整合过程，是产融集团系统及其子系统在自催化、交叉催化推动下通过自组织与他组织共同作用的结果。具体来说，这一整合过程主要有以下几种[107]：

(1)资源替代机制。资源的替代发生于产业资本与金融资本之间拥有的相同或相似的资源，这主要是指办公楼及其设备等实物资产，产融结合后的整体系统只使用其中的一部分即可完成原有的全部任务，从而实现成本的节约和资源使用效率的提高，而多余的资源则可以进行重新配置以实现新的替代价值。

(2)资源互补机制。资源互补机制指一个企业资源对另一个企业资源具有补充作用,通过相互结合可以填补企业战略实现的资源缺口,从而使融合后企业总体发展呈现出收益递增的态势。就产融集团而言,如果产业资本或金融资本的资源对于对方的效率提高和价值提升具有重要作用,或者产融集团系统的某一目标的实现需要两种资源同时投入其效能才能得以发挥,即一方资源的效率是以另一方资源的使用为条件,此时资源的互补机制就出现了。资源互补常见于纵向整合的情形,互补性资源主要是指融资资金、企业家型人力资本以及优异的组织资本和组织经验等。

(3)资源共享机制。资源协同本质是一种合理配置资源的效应。资源的共享机制是在产业资本和金融资本融合过程中,对优势资源使用的一种方式,如品牌资产、战略性客户网络、税收优惠政策等。在对这些优势资源整合过程中,努力放大资源的转移、扩散和辐射相应,提升优势资源的正外部经济性,最终通过优势资源的组织系统共享和文化整合来实现产融集团系统的协同效应。

(4)冲突消除机制。将产业资本和金融资本融合于一个新的产融集团系统,资源之间不可避免地存在互相影响、互相制约的现象,严重的冲突甚至会影响到产融集团的有效运行和发展。对有形资源而言,可能是由于产业资本或金融资本的资源不能适应产融集团系统新的发展战略的要求,从而成为闲置资源,这会增加系统的整合管理成本。资源的冲突更常见于无形资源的整合过程,企业管理理念的差异、投资运作模式的不同、管理者管理风格的区别等都会带来资源的冲突,及早发现并消除这种冲突是协同效应产生的重要条件。德隆集团就是因为没有准确把握长、中、短期投资组合的节奏而造成了短贷长投的资金链条的断裂;德隆集团的产业和金融业的内容及组合无法形成互补,金融机构的存在不但不能起互补作用,反而起到了逆向调节的功能,即金融机构对德隆的资金输送在经济泡沫之时加速了德隆产业的急剧扩张,而在经济紧缩之时加剧了德隆集团的资金困境,最终致使德隆集团因盲目扩张中突然的资金链条断裂而轰然倒塌。

(5)学习创新机制。学习创新机制产生于知识、能力和资源整合的协同过程。不同的资源拥有者通过共享、学习、互补、替代等多种非线性相互作用,使产融集团的知识系统处于一个有效的协同演化过程,在一定的内外环境涨落下催生出新知识,形成系统资源创新。这一机制使得产融集团的协同效应从静态协同演化到动态协同，从静态优势演化到动态优势。比如，产融集团系统可以从产业资本和金融资本的关联交易创新出规范的产融集团内部资本市场以放松信贷配给制下的融资约束功能。

上述产融集团系统协同效应的来源及其产生过程可用图4.2来定性描述。

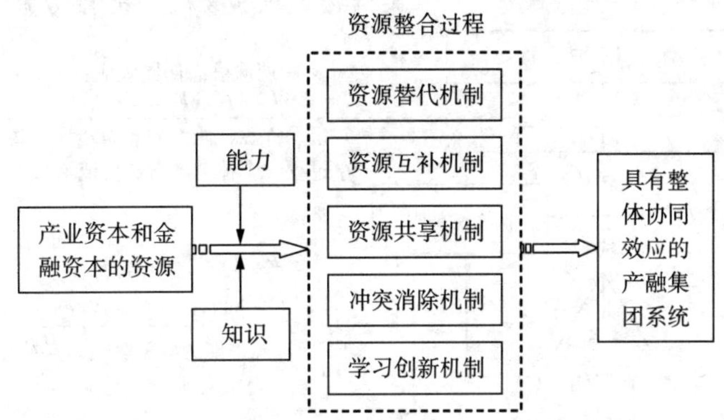

图4.2 产融集团系统协同效应的来源

4.1.3 产融集团系统协同效应的实现机制[108-109]

建立在产业资本与金融资本异质性和资源整合理论基础上的产融集团系统协同效应实现和协同价值创造是一个极其复杂的过程。这种复杂性不仅体现在产融资源整合的整个过程中，更体现在产融集团内静态协同效应和动态协同效应两个不同的层次上。产融集团系统协同效应的产生机制与价值创造过程可以按照图4.3所示的思路来进行分析。

1. 产业资本或金融资本自身的静态协同效应

如果用VI，VF表示产业资本和金融资本独立经营时的企业价值，ΔVI，ΔVF表示产业资本和金融资本独立经营时的价值增值，在产融结合之前，这种价值增长的空间有限，因而造成价值低估；VI^*，VF^*表示产融结合后这两个资本在同一产融集团系统内所形成的预期价值，ΔVI^*，ΔVF^*表示产融结合后这两个资本在同一产融集团系统内所形成的预期价值增值潜力。如果产业资本和金融资本存在知识、能力、资源的关联性与互补性，并可以通过产融结合使二者的价值增长空间得到进一步提升，即存在产融结合潜力使$\Delta VI^*>\Delta VI$，$\Delta VF^*>\Delta VF$，则说明存在产融集合的基础条件，一般情况下应同时也会有$VI^*>VI$，$VF^*>VF$。$VI^*>VI$，$VF^*>VF$更多地体现为一种静态协同效应，

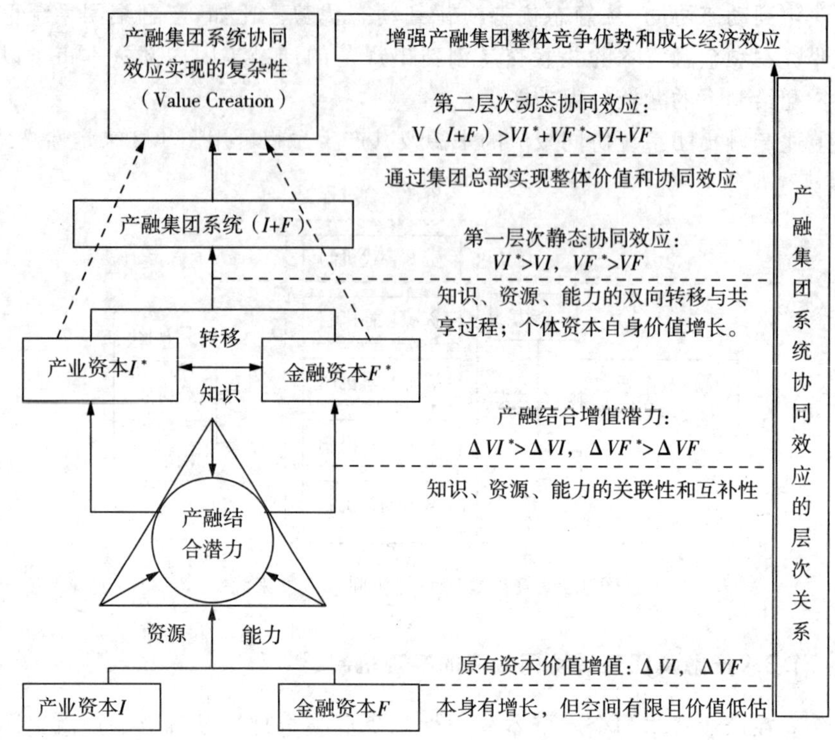

图 4.3　产融集团系统协同效应的实现机制

即这一层面的协同效应是原有产业资本和金融资本在新的产融集团范围内,利用集团优势所带来的各自企业价值的增加。这种价值增值还仅仅局限于产业资本或金融资本自身系统内部,它和产融集团系统的其他子系统并无联系,也未给其他子系统带来裨益。也就是说,这种价值创造的动态关联性和互动性还较低,属于较低层次的静态协同,并未上升到集团整体层次,因此无法称为集团系统协同。

2. 产融集团系统整体的动态协同效应

产融集团系统第二层次的协同效应更主要体现在"总部经济"(Headquarters Value)上,通过产融集团总部这一特殊结构从更高层次使产业资本或金融资本子系统之间实现集团系统的整体协同效应。如果产融集团协同效应和价值创造仅仅发生在子系统的产业资本或金融资本层面,即只有第一层次的协同效应和价值创造,产业资本与金融资本也就没有结合与融合的必要了。从这个意义上说，第一层次的产业资本或金融资本自身的静态协同效应不是产融集团系统协同效应的核心。本书认为，产融集团系统协同效应的核心发生在产融集团系统的第二层面，即总部层面：产业资本和金融资本所拥有的异质性资源、知识和能力在集团系统层面动态的关联、互动和协同可能会创造它们独立经营时所无法获取和实现的价值。

如果 $V(I+F)$ 表示产融结合后新集团系统的整合价值，则产融集团系统整体的协同效应可简化表达为 $V(I+F)>VI^*+VF^*>VI+VF$，这就是产融集团系统第二层次，即系统整体层次的协同效应和价值创造。这一协同效应表达式包含三个方面的含义：其一，产业资本和金融资本结合后，通过整合要尽可能保证绝大多数成员企业或资源子系统实现自身价值的创造和增值，即使 $\Delta VI^*>\Delta VI$，$\Delta VF^*>\Delta VF$；同时有 $VI^*>VI$，$VF^*>VF$。其二，产业资本和金融资本结合后，即使某一产业资本或金融资本在集团中的竞争力有所削弱，但它却能通过给予其他成员企业更大的组合优势而使整个集团系统获得协同效应和协同价值，即可能出现 $\Delta VI^*<\Delta VI$ 或 $\Delta VF^*<\Delta VF$，但 $\Delta VI^*+\Delta VF^*$ 必须要大于 $\Delta VI+\Delta VF$；进而产融集团系统整体的预期价值一定要超过原有产业资本和金融资本产融结合的预期价值之和，即 $V(I+F)>VI^*+VF^*$。其三，产业资本和金融资本的结合不仅要关注静态协同效应，更要从动态的、整体的角度考察持续性的动态协同效应和价值创造，以达到长期的、集团系统整体协同价值的增长，即不仅要关注 $VI^*>VI$；$VF^*>VF$，更要关注 $V(I+F)>VI^*+VF^*>VI+VF$。

上述分析表明，第二层次的产融集团系统整体的动态协同效应才是产融集团生成和存在的必要性，也是集团系统协同价值创造的重要标准。通用电气GE的产融集团发展模式，尤其是其对金融业的战略协同改进为我们的论述提供了极佳的佐证。GE的早期金融服务业务并不盈利，它主要是为其医疗、电器等制造工业及客户提供贷款、信用等服务，意在提升GE整体协同价值。但随着不断自建和大量兼并各种信贷公司和银行等金融机构，GE总部对金融业务特性有了更深的理解，积累了大量而丰厚的金融运作知识和操作能力。如今的GE的金融服务业务已经形成了消费者金融服务集团、设备管理集团、商务融资集团和通用保险集团等四个集团，不但为GE的协同发展提供了更广阔的成长能力，而且这些金融业务本身也实现了价值增值和系统涌现，并成为GE的主导和支柱产业之一。因此，只有明白了产融集团系统协同效应生成的特殊机理和系统整体协同效应的核心，才能真正理解产融集团系统这种特殊组织形式存在和演进的根本目标。

4.1.4 产融集团系统协同效应的实现条件

上述分析表明，产融集团通过产融结合可以实现产业资本和金融资本之间资源共享和互补，达到产融结合后整体价值大于各成员机构独立经营时价值的综合效应，即协同效应；同时，产融集团在获取协同效应和协同价值的同时，有可能增加系统内部的整合成本和系统外部的监管成本而陷入管理协同整合风险。基于此，本节以产融集团协同价值和协同成本为参量构建产融集团系统协同效应均衡模型，并在此基础上探讨产融集团系统整合效率和协同效应的实现条件。

1. 基本假设与模型构建

假设某产融集团由从事工商业务的产业企业 A 与从事金融业务的金融企业 B 组成，其中，产业企业 A 和金融企业 B 在产融集团中的股权比重为分别为 ω_a,ω_b；产业企业 A 和金融企业 B 在产融集团中的利润分别为 R_a,R_b；产业企业 A 和金融企业 B 在产融结合前独立状态下的利润分别为 R_{a0},R_{b0}；产业企业 A 和金融企业 B 产融集团化后，由于存在管理整合成本，假设其协同整合成本为 C_m。由此可以得到产融集团的总利润为产业企业 A 和金融企业 B 在产融集团中的利润份额与协同整合成本之差，可以简单的表示为：

$$TR=\omega_aR_a+\omega_bR_b-C_m \tag{4.1-1}$$

现假设产业企业 A 从事了一项新的投资业务，其投入成本为 C_a，且该投入成本来自于产融集团内部金融企业 B 的关联贷款；若此项新投资给产业企业 A 带来的额外收益为 $R_a(C_a)$，给金融企业 B 带来的利息收入和其他额外收益为 $R_b(C_a)$。因此，在产业企业 A 新增投资后，该产融集团的整体利润为：

$$TR(C_a)=\omega_a(R_{a0}+R_a(C_a))+\omega_b(R_{b0}+R_b(C_a))-C_m-\omega_aC_a \tag{4.1-2}$$

若要使产融集团能产生正利润，则式(2)必须满足：

$$TR(C_a)=\omega_a(R_{a0}+R_a(C_a))+\omega_b(R_{b0}+R_b(C_a))-C_m-\omega_aC_a>0$$

或：
$$\omega_a(R_{a0}+R_a(C_a))+\omega_b(R_{b0}+R_b(C_a))>C_m+\omega_aC_a \tag{4.1-3}$$

若要使产融集团能够产生协同效应价值或集团化效率，则必须满足：

$$\omega_a(R_{a0}+R_a(C_a))+\omega_b(R_{b0}+R_b(C_a))-C_m-\omega_aC_a>\omega_aR_{a0}+\omega_bR_{b0}$$

即：
$$\omega_aR_a(C_a)+\omega_bR_b(C_a)>C_m+\omega_aC_a \tag{4.1-4}$$

进一步假设产融集团有 n 个产业企业和(或)金融企业组成，各成员机构的股权比重分别为 ω_1 与 $\omega_i(i=1,2,3,\cdots,n)$，成员企业 1 的新增投资为 C_1，收益为 $R_1(C_1)$；其他成员企业因成员企业 1 的新增投资而产生的额外收益为 $R_i(C_1)$，产融集团整合管理成本为 C_{mn}，由此可得产融集团产生协同效应的条件为：

$$\omega_1R_1(C_1)+\sum_{i=2}^{n}\omega_iR_i(C_1)>C_{mn}+\omega_1C_1 \tag{4.1-5}$$

2. 产融集团系统协同效应的实现条件分析

本节仅考虑在产融集团系统自组织背景下的均衡条件。假设产融集团内部各成员机构在没有外部压力的条件下相互协同竞争与合作，通过要素整合、资源匹配、管理协同等自组织行为，逐步使集团系统从无序状态进化至有序状态，促使集团系统协同程度得以跃迁，实现产融集团的协同效率和协同价值，趋向产融集团协同效应和整合成本的均衡状态。

(1)产融集团产生整合效率的条件。从式(4.1-4)可以看出，产融集团产生整合效率的条件不仅与产业企业 A 的新增利润、金融企业 B 的额外利润、产融集团的协同管理成本以及业务新增成本有关，还与产融集团中各成员机构的股权比例有关。

在式(4.1-4)中，如果管理整合成本与新增业务成本固定，则左边的数值 $\omega_aR_a(C_a)+\omega_bR_b(C_a)$ 越大，产融集团的效率越高；反之，如果 $\omega_aR_a(C_a)+\omega_bR_b(C_a)$ 数值越小，则产融集团的效率越低。如果产融结合的资源匹配程度非常低，产融结合后的协同管理整合成本特别高，同时产融集团新增业务长、中、短期投资组合结构错位，产业与金融互补性弱且风险收益低，则有可能出现 $\omega_aR_a(C_a)+\omega_bR_b(C_a)<C_m+\omega_aC_a$ 的状态，此时产融集团就会出现负效率。我国德隆集团通过“类金融控股公司”进行产业资本和金融资本结合的多元化经营战略的失败和破产就是产融集团负效率现象的现实案例。

(2)产融集团产生协同效应的条件。假设公式(4.1-4)右边的管理整合成本与新增业务成本为常数，且假设 $R_a(C_a)>0$，因为它是产业企业 A 的投资收益，可控性较强。此时，产融集团能否产生协同效应或协同价值主要取决于 R_b

(C_a)的大小，而$R_b(C_a)$的大小又取决于产融资本的长、中、短期发展的互补程度和产融资本的内容及组合的互补程度。

若$R_b(C_a)>0$，表示产业企业A投资后形成的组织知识经验、资产或资源的经济性及财务收益与金融企业B的共享程度高，有利于金融企业B的经营管理和财务绩效，即产业企业A的发展对金融企业B有正外部性，则产融集团系统各成员机构具有协同效应或协同价值。比如汽车产业的发展积累起来的客户资源和财务剩余既可以增加金融企业的存款和利息收入，又可以对稳定的客户资源发展汽车金融业务，反过来促进汽车产业的进一步发展，从而形成良性的汽车产融集团的协同效应或协同价值。由此可见，若产业与金融业的内容及组合互补程度越高，且产业和金融业的长、中、短期发展的相互协调，则越容易产生协同效应或协同价值。

若$R_b(C_a)=0$，表示产业企业A投资后形成的组织知识经验、资产或资源的经济性及财务收益不能与金融企业B共享，难以对金融企业B的经营管理和财务绩效形成正外部性。在这种情况下，产业与金融业的内容及组合不存在互补，甚至是相互钳制，且产业和金融业的长、中、短期发展的不协调，则产融集团各成员机构无法形成协同效应或协同价值。

若$R_b(C_a)<0$，表示由于产融集团协同整合能力和控制能力弱化，管理整合成本极高，且产业企业A的投资不但不能对金融企业B的经营管理和财务绩效形成正外部性，还可能会因为占用金融企业B的部分资源而对其经营管理和财务绩效形成负外部性。此时，产融集团不仅无法产生协同效应或协同价值，反而会形成内耗，拖累整个产融集团的良性发展。

4.2 产融集团系统协同效应的识别体系

产融集团系统协同效应的实现机制研究了产融结合后协同效应是如何产生及其来源，但产融结合具体会产生哪些协同效应以及这些协同效应对产融集团系统整体协同效应和协同发展能力的有序度如何，这就涉及产融集团系统协同效应的识别问题。协同效应的识别就是确定产融集团系统中哪些地方可能产生协同，以便产融集团系统发展过程中寻求协同机会，取得管理协同的效果。

正如前文所述，关于协同效应的来源及重要性的研究颇多，如H. 伊戈尔·

安索夫(H. Ansoff,1987)[110]、伊丹广之(Hiroyuki Itami,1987)[68]、普拉哈拉德与多兹(C. K. Prahalad& Yves L. Doz,2000)[111]、约瑟夫．巴达拉科(Joseph L. Badaraco,2000)[112]等,但对协同效应识别的研究较少。哈佛商学院的迈克．波特(Macheal. H Porter,1985)[113]研究企业竞争优势时在企业价值链的层面上讨论了业务单元之间的协同,并将其称为关联;同时,通过对价值链上的关联分析,提出了识别关联的定性分析框架。普拉哈拉德与多兹(2000)[111]提出了如何从收益与成本方面识别企业间的相互依存关系。克里斯托夫．J. 克拉克和基尔瑞．布伦南(Christopher J. Clorke& Kriron Brennan,2000)[114]提出了四分类组合分析法,他们认为,可以从公司的四类组合:产品组合、资源组合、客户组合以及技术组合等的联结情况进行比较分析,从而识别潜在的协同机会。但这些研究基本都是从企业战略角度来研究协同效应的识别,且侧重于协同效应的某些方面,而没有基于协同学理论来论述协同效应的识别与评价缺乏一个系统而定量的研究方法。基于此,本节从识别协同效应的原则出发,研究产融集团系统协同效应的类型及其识别体系。

4.2.1 产融集团系统协同效应识别的原则

按照协同学理论,在系统不稳定状态下,其运行呈现出无序状态,各子系统各行其是而不利于系统实现整体功能。如果系统失稳并且越来越不稳定,那么系统就会解体,最终结果将会是系统不复存在。协同的目的就在于是系统在临界状态通过涨落产生序参量,并在其支配下从宏观尺度上是系统呈现出特有的有序结构和功能模式,进而使系统保持有序运行和稳定发展,从而达到系统整体功能和价值最佳的效果。对产融集团系统而言,识别协同机会和协同效应首先应该把目光锁定在那些运行不畅或发展制约的产业资本或金融资本,研究其在发展瓶颈或制约的临界状态如何通过自组织创新演化和他组织管控引导而使产业资本或金融资本找到其有序发展或成长的知识、资源和能力,进而产生其系统发展的控制参量和序参量,使产业资本或金融资本在新序的基础上实现整体协同效应。

协同学指出,一个系统之所以有序、稳定或产生整体功能效应大于系统内部各要素之和,是因为系统内部各子系统或要素是按照一定的协同方式活动并有序运行的。相反,一个系统无序、不稳定或难以实现整体协同效应是因为其内部运动是混乱的、不能按协同方式进行活动和无规则的联系的。因此,企业系统处于不稳定状态或远离平衡状态是识别协同机会和协同效应的前提条件,企业系统处于有序稳定状态或整体功能有序成长状态是识别协同机会和协同效应的根本宗旨。当然,掌握了协同机会出现在什么条件下和现有有序发展的集团协同模式,并不代表就可以准确识别产融集团系统的协同效应。协同效应的识别还须把握以下原则:

(1)适应性原则。适应性原则是指产业资本或金融资本在其发展成长过程中,必须能够根据外部环境的涨落和内部熵变的增减对系统发展战略和资源能力作出适应性调整,进而使其在环境变化中保持动态稳定性和发展有序性。

产业资本和金融资本在产融分离背景下,由于资金供求关系问题在分业经营与管制等条件刺激下催生出了产业和金融业信贷关系的债权模式。在其后的发展中,出现了产融结合的债权模式不能解决的问题,例如信贷配给问题、逆向选择和道德风险问题等。此时,在金融市场开放、金融管制放松、产业多元化趋势以及产业融合、产业集群、产业网络化模块化等条件的催化下,产业和金融业在“边信贷边学习”的基础上,逐步建立共同信任和网络承诺,将外部交易费用内部化,催化出了建立在长期的银行一企业协同合作和共同联盟基础上的新型的产业金融秩序,即以股权模式为特征的产融集团系统。产融集团系统这一演化过程本身就体现了产业资本和金融资本的适应性。

(2)互补性原则。互补性原则是指产融集团系统在进行协同发展时,要善于利用自身现有或潜在的资源、知识和能力在系统内部自组织协调运行,在功能、优势互补的条件下实现资源、知识和能力的转移、替代和共享,以增强系统整体竞争优势,促进协同效应和协同价值的提升。

产业资本和金融资本结合后,相互的组织知识、资产或资源的经济性及财务收益等互补共享程度高,产业资本的发展与金融资本的发展具有正外部性,产融集团系统各成员机构更易于实现协同效应或协同价值。比如汽车产业的发展积累起来的客户资源和财务剩余既可以增加金融企业的存款和利息收入,又可以对稳定的客户资源发展汽车金融业务,反过来促进汽车产业的进一步发展,从而形成良性的汽车产融集团的协同效应或协同价值。由此可见,产业与金融业的内容及组合互补程度越高,且产业和金融业的长、中、短期发展的相互协调,越容易产生协同效应或协同价值。

(3)利益共生原则。利益共生原则是指在产融集团系统协同发展过程中,各成员机构均应有着独立的利益追求和共生的价值创造,在诚信、和谐和有序的发展中实现成本最小化,在价值补偿基础上规避利益风险。

德隆危机给我们的启示就是，控股股东利用其控制权掏空旗下子公司的圈钱行为和过度自信的狂热投资行为、集团系统内部人控制的连环担保和关联交易造成产业资本和金融资本相互套取资金而侵害旗下子公司权益、多元化子公司的多元发展目标造成的利益冲突，以及没有准确把握集团系统长、中、短期投资组合节奏而造成了短贷长投的资金链条断裂的经营战略失误，使德隆集团不但未能享受到产业资本和金融资本的协同效应，反而造成了风险传染的负协同效应。

4.2.2 产融集团系统协同效应的类型

就协同效应的类型，我们检索了 1990 年以来中国知网以及国外学术期刊，共检索到 282 篇关于企业协同效应类型的文献，归纳、汇总和统计企业协同因素和来源出现的频率，得到如表 4.1 所示的 24 种协同效应类型。

表 4.1 文献检索中的协同效应类型

协同效应类型		
战略协同效应	组织协同效应	生产协同效应
文化协同效应	财务协同效应	商务协同效应
关系协同效应	资源协同效应	技术协同效应
知识协同效应	制度协同效应	营销协同效应
品牌协同效应	项目协同效应	流程协同效应
兼并协同效应	物流协同效应	采购协同效应
竞争协同效应	资本协同效应	契约协同效应
体制协同效应	信息协同效应	创新协同效应

由此可见，现有文献关于协同效应类型的研究过于分散而不成体系，概念过于宽泛而超出了协同效应的内涵和外延。H. Ansoff(1987)[110]将协同效应定义为：合并后的企业经营表现超过原分散的企业表现之和。Mark L. Sirower (1997)[115]认为，协同效应是合并后的公司在业绩方面应当比原来两家公司独立时曾经预期或要求达到的水平高，而且指出，并购后可能出现业绩改进，但如果这些业绩改进已经预期到的，那就称不上协同效应。本书研究的协同效应，

是指通过产融结合实现双方资源的互补与共享，以资源整合带来集团层面价值大于子公司独立经营时价值的融合效果。这种协同效应既有那些比较容易用货币计量和评估具体价值的客观性协同效应，又有那些具有不确定性或短期内不易显现性从而很难被精确计量的主观性协同效应。

更为重要的是，现有协同效应类型的研究不是针对产业资本和金融资本的结合来研究的，很多不适用于产融集团系统协同效应的分析。因此，针对产融集团系统的特性以及产业资本和金融资本协同整合的来源，本书对产融集团系统协同效应类型的分析借鉴了J. 弗雷德．维斯通(1988)在《接管、重组与公司治理》一书中的观点[116]。他认为，企业并购导致总价值增加的因素包括五个方面：管理协同效应、经营协同效应、财务协同效应、价值低估和信息效应。我们认为，前三个协同效应符合产融集团系统的特性；而价值低估现象来源于交易市场的不完善，它只会改变财富的再分配而不会增加财富；信息效应只不过是外部市场对产融结合行为所做的反映，它本质上受管理协同效应、经营协同效应、财务协同效应的影响。另外，本书认为，产业资本和金融资本战略协同效应的认知是产融集团系统自组织演化的动力；产融结合后的公司治理结构、部门协调能力以及组织整合能力等直接决定了管理协同效应、经营协同效应、财务协同效应的实现程度和协同效果。基于上述观点，本书把产融集团系统的协同类型概括为五个方面，具体包括：由产业资本和金融资本战略结合的认知意愿程度、对未来合作产生的超额收益的依赖程度或重视程度耦合而成的战略协同效应；由产融集团中同质要素的聚合而产生的协同效应、异质要素的配合而产生的协同效应、人力资本学习创新整合效应共同耦合而成的管理协同效应；由产融集团的规模经济效应、范围经济效应、成长经济效应等耦合而成的经营协同效应；由财务整合效应、节税利益效应、降低内外融资成本、财务杠杆及预期效应等耦合而成的财务协同效应；由组织整合知识能力、部门协调能力、环境适应能力和公司治理能力等耦合而成的组织协同能力。这些协同效应共同构成了产融集团的协同价值。

1. 战略协同效应

战略协同效应是指两个或多个处在发展战略调整期的金融资本或产业资本对产融结合战略重要性的认知程度，成员企业在战略分析、战略更新、战略风险分担等方面表现出来的目标远景一致性。其本质是一种产业与金融企业家相互交往规则或制度形式的创新过程和创新结果。

企业的战略是由战略分析、战略制定、战略实施和战略风险控制组成的。

因此，产融集团系统的战略协同效应就表现为：金融资本与产业资本的企业家对产融结合战略重要性的认知程度；产业资本和金融资本协同实施战略方案的一致性程度，这一协同具体体现为产融结合后的集团系统角色定位、协同战略发展路线图、资源子系统或战略业务单位的成长和发展战略等；产业资本和金融资本能否做到战略互补与支持，并共同分担战略协同风险。

2. 管理协同效应

管理协同效应是指管理能力具有差别的产业资本和金融资本结合后，管理能力由较高的成员机构转移到较低的成员机构，产融集团系统整体管理能力提高的现象。本质是一种合理配置管理资源、整合管理人才的效应。管理协同效应涉及两个概念：组织经验和组织资本。组织经验是“在企业内部通过对经验的学习而获得的雇员技巧和能力的提高”[116]。根据组织经验所适用的管理领域的不同，可以将组织经验划分为三种类型[52]：一是一般性管理的组织经验。这种经验不存在明显的行业特征，例如计划、组织、指挥、协调、控制，以及普遍的财务管理等，在各种行业中都存在大体相同的一般性管理经验。二是行业专属性管理的组织经验。它是与某特定行业的生产、经营的管理特点密切关联的特殊管理能力的发展，即在某一行业中的专属性管理经验，在另一行业中可能不再有效了；三是非管理性质的组织经验，它适用于非管理性质的劳动投入要素领域，例如生产工人的技术水平就是随着对经验的学习和积累而逐渐提高的，这些经验存在于组织中的个体之间并随个体的流动而转移，对产融集团系统而言并不十分重要。

组织资本是指企业特有的知识资产，主要包括：在分配给员工适当任务和组成工作小组时使用的知识，以及每个员工获得的关于其他员工和该组织系统的知识。组织资本分为三种[52]：一是体现在员工身上的组织资本。产业资本或金融资本的员工在工作中会对产业经营和金融管理的特点、技术和管控机制等知识不断积累，因而能获得一定的学习效应和学习知识。二是员工与其工作的匹配知识。主要是指产融集团系统根据不同员工的组织资本而安排与其特长、能力等相匹配的工作，即所谓的知人善用，做到人尽其才。三是员工与员工的知识匹配，即产融集团系统员工个体之间直接或间接合作时，当合作团队中员工相互了解对方的组织资本，合作团队之间的匹配程度和合作绩效就可以得到提高。

显然，组织经验和组织资本的累积和发挥离不开人力资本要素的提升，我们将其称为企业专属性或非专属性的人力资本。产业资本和金融资本的组织经验和组织资本结合后，在人力资本的管理协同下，实现组织经验和组织资本的转移、替代和共享，从而形成产融系统的协同管理能力，这就产生了管理协同效应。

3. 经营协同效应

经营协同效应是指产融结合给产融集团系统生产运营活动在效率方面带来的变化及效率的提高所产生的效益。它主要表现为规模经济效应、范围经济效应和成长经济效应。

首先，产融结合后，扩大了企业生产运营规模，可以将产业资本、金融资本、人力资本及管理成本等费用分摊到较大的产融集团系统中，单位产品或服务所负担的费用下降、成本降低，从而导致收益率增加的现象，即带来规模经济效应。规模经济效应主要来源有二[117]：一是固定成本的规模分摊、存储损耗降低等生产性来源；二是共同的客户市场、营销经济性、研发经济性和品牌声誉效应等非生产性来源。由此可见，规模经济主要着眼于要素使用的平均成本和报酬，主要适用于相关多元化成长战略，即通过业务成本链的联系来实现降低成本、转移技术而从经营协同中获益。但是，以产业资本和金融资本结合为特征的产融集团系统属于非相关多元化成长战略，难以享受到成本分摊、技术转移等规模经济效应。也就是说，从学理上看，以规模经济效应来实现产融集团系统的经营协同效应不应该成为产融结合的动力机制，即使是以规模经济效应来推进产融结合的发展，其成功的概率非常小。我国德隆集团、海尔集团等产融集团系统的发展实践也佐证了这一观点和结论。

其次，如果说产融集团系统无法实现规模经济效应的话，那么，以非相关多元化为特征的产融结合却可以将产业资本或金融资本积累起来的资本运作能力、市场开拓能力、品牌信誉能力扩展到对方的经营领域，通过经济组织的生成或经营范围的扩张导致平均成本下降而获得范围经济效应。从产融集团系统生产运营的过程来看，范围经济效应来源于以下几个方面[118]：一是资源要素的“公共品性质”或“非(低)资产专用性”与范围经济。在产融集团系统中，金融资本的“公共品性质”或“非(低)资产专用性”使其在产业资本和金融资本之间转移和替代过程中可以被低成本或无成本的使用而不排斥在其他用途上的使用，从而带来金融资本共享的范围经济效应。二是集团闲置资源或能力与范围经济。在产融集团系统中，产业资本的闲置生产能力、管理能力与金融资本的闲置融资能力、内部资本市场能力相互流转与共享，则产融集团系统就会利用这些闲置能力推动产业发展和系统成长，从而带来闲置能力流转的范围经济效应。三是成本互补性与范围经济,即生产一种产品或提供一种服务的边际成本随着另一种产品或服务的产出量的增加而下降的趋势。在产融集团系统中,金融资本较为宽裕的资金流可以推动产业资本规模和范围的扩张,集团财务公司的资金协调和周转效率的提高可以降低产业资本的边际成本,而产业资本销售额和利润率的提升又会提升金融资本的流动性,并分散金融资本的风险,最终降低金融资本的边际成本。由此可见,范围经济效应主要来源于资源的非资产专用性、闲置资本和能力的周转性、产品或服务供给的多样性以及交易成本降低带来的成本补偿性。

无论是规模经济还是范围经济都没有涉及产融集团系统内部激励问题,仍然未能真正把握系统成长的本质和基因。这就涉及到产融集团系统经营协同效应的第三个表现,即成长经济效应。成长经济效应是指产融结合后的集团系统向特定方向扩张的、各个成员单位所享受到的内部经济性,是集团系统不断挖掘产融系统未被充分利用的资源而提升管理竞争力、扩大产品和服务市场、分散集团系统风险的动态经营管理过程。与规模经济相比,成长经济强调的是企业内部资源的经济利用,而不是大企业和大量生产;任何特定的企业不论其规模大小,只要其在一定条件下能够以较其他企业更低的平均费用向市场提供产品和服务,我们就说其存在成长经济,而不论其是否存在规模经济;而且成长经济是一个动态的经营概念,它十分强调以人力资本为核心的非物质资源,经营管理人员和人力资本在其中占据着举足轻重的位置。Penrose(1959)认为,由于资源价值的不可分割性、资源利用的非平衡性以及人力资本的有限理性使得企业现有资源不能得到充分利用[106],而企业成长经济的功能就是利用企业家服务和管理服务来挖掘资源利用潜力,使其达到协同合力的经济效应。

4. 财务协同效应

财务协同效应是指产融结合给集团财务方面带来的种种收益,这种收益的取得不是由于效率的提高,而是由于产融双方财务的差异,通过税法、会计处理准则以及内部资本市场交易等内在规定的作用而产生的节税利益、较低成本的内部融资和外部融资以及集团整体经营风险的降低。具体表现为:

第一,基于税收最小化考虑,产业资本和金融资本结合后,可以通过消除税收方面的损失而促进更有效率行为的实现,进而实现产融集团系统的税收协同效应。首先,一个有累积税收损失和税收减免的企业,可以通过转移这种税收属性,使与其融合的有正收益的企业进行合法避税,进而使这种税收属性表现出较高的价值。其次，鉴于税率、税种上的差异，用资本利得代替一般收入进行纳税也能产生税收效应。作为发展成熟型的产业资本或金融资本，可以通过收购一家成长型金融资本或产业资本向后者提供必要的资金，从而用资本利得税代替一般所得税，否则这些资金就必须作为应缴纳一般所得税的股利而支出。这种交易通常通过免税的有价证券交换进行，这使所得者可以实现未来收入的资本化而无须在证券出售前纳税。再次，即使产业资本和金融资本都有当前利润，只要它们之间的现金流量呈不完全正相关关系，产融结合同样可以减少未来的税收义务，从而降低产融集团系统未来税收义务的现值并影响集团的价值。

第二，产融集团系统可以以较低的成本进行内部融资和外部融资而实现财务协同效应。首先，产融集团系统通过各种方式在上市成员企业之间、在上市成员企业和非上市成员企业之间形成一个内部资本市场，通过控股股东的控制权将资本市场融资功能内部化而进行内部资本配置，既降低了产业资本和金融资本之间的融资交易成本，又提高了集团内部现金流量的配置和使用效率。周业安、韩梅(2006)[119]，邵军(2007)[120]将这一效应称为“企业集团内部资本市场的放松融资约束功能”。其次，产融结合扩大了集团规模、资本实力和市场信誉，更容易进入资本市场和融资证券的发行，从而使证券的发行成本和融资成本相对降低，形成财务规模经济；同时，产融结合可以减少资金需求量，降低集团经营收益的现金流量的波动性，从而降低财务风险，提升信用评级，这样，产融集团系统的举债成本就会随之下降，举债能力就会随之提高。

由此可见，产融集团系统财务协同效应的产生是需要条件的，一是产融双方之一有累积性税收损失和税收减免；二是产融集团系统的运行方式属于资本溢出型模式而非融资依赖型，即一方可以而且能够向对方提供必要的资金以获取税收效应和交易成本效应；三是产融双方的业务关联度的空间性匹配和现金流量的时间性互补。

5. 组织协同效应

组织协同效应是指产融结合在集团战略业务单元、公司治理结构、知识整合等方面的协调发展能力。如果说战略协同效应是产融集团系统协同的原动力，管理协同效应、经营协同效应和财务协同效应是产融集团系统协同的具体表现的话，组织协同效应则是实现这些协同效应的手段和保障。没有良好的组织协同能力和环境适应能力就无法实现管理协同效应、经营协同效应和财务协同效应。

罗伯特·S. 卡普兰、戴维·P. 诺顿(2006)在《组织协同》一书中运用平衡记分卡理论分析了如何通过组织协同创造合力,并把组织协同概括为战略业务单元协同效应、支持单元协同效应、董事会和投资人的协同效应、董事会与外部合伙人的协同效应[100]。从学理上来说,上述这些协同效应中前两个协同效应可以概括为部门协调能力协同效应,后两者可以概括为公司治理能力协同效应。基于这一观点并结合产融集团系统的协同特性,我们把产融集团系统组织协同效应概括为以下四种,即组织整合知识协同效应、部门协调能力协同效应、环境适应能力协同效应和公司治理能力协同效应。其中,组织整合知识协同效应可以细分为知识替代协同效应、知识互补协同效应、知识转移协同效应、知识共享协同效应和学习创新协同效应;环境适应能力协同效应可以细分为集团系统内部的文化协同效应、制度协同效应和信息协同效应和集团系统外部的市场协同效应、法律协同效应和关系协同效应。

4.2.3 产融集团系统协同效应的识别体系

上述分析只是给出了产融集团系统协同效应的具体变现形式,但具体如何来识别这些协同效应,上述分析还不够全面,很多指标没有考虑进去。由于产融集团系统协同效应的识别是一个复杂的系统过程,因此,本节基于复杂性理论,尝试利用层次分析法(AHP)来建立多层次的协同效应识别体系。

1. 建立AHP模型的识别体系

产融集团系统协同效应识别的AHP模型可分为四个层次:总目标层A、分目标层B、准则层C、子准则层D。递阶层次结构如图4.4所示。

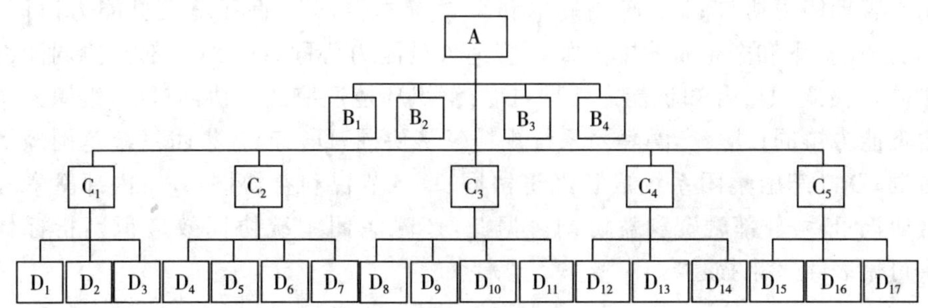

图4.4 产融集团系统协同效应识别递阶层次图

图 4.4 中，总目标层 A 为产融集团系统整体协同效应。按企业内部计算模型，协同效应的获得与营业收入增加、资产收益率提高、资产负债率变动以及资金周转情况等密切相关，因此，我们在分目标层 B 设立了四个分目标：B_1：资产收益率，表示产融集团的竞争效率提升程度；B_2：资产周转率，表示产融集团资金使用效率；B_3：资产负债率，表示产融集团内部资本市场有效性；B_4：营业收入增长率，表示产融集团市场成长效率。从产融集团系统协同效应来源和类型出发，协同效应的准则层 C 可以分为五部分：C_1：战略协同效应，即两个或多个处在发展战略调整期的金融资本或产业资本对产融结合战略重要性的认知程度，成员企业在战略分析、战略更新、战略风险分担等方面表现出来的目标远景一致性；C_2：管理协同效应，即两个管理能力具有差别的产业资本和金融资本结合后，管埋职能的经验和能力由较高的企业转移到较低的企业，产融集团系统整体管理能力提高的现象；C_3：组织协同效应，即产融结合在集团战略业务单元、公司治理结构、知识整合共享等方面的协调发展能力；C_4：经营协同效应，即产融结合给产融集团系统生产运营活动在效率方面带来的变化及效率的提高所产生的效益。它主要表现为规模经济效应、范围经济效应和成长经济效应；C_5：财务协同效应，即产融结合给集团财务方面带来的种种收益，这种收益的取得不是由于效率的提高，而是由于产融双方财务的差异，通过税法、会计处理以及内部资本市场交易等作用而产生的节税利益、较低成本的内部融资和外部融资以及集团整体经营风险的降低。子准则层 D 是对准则层的进一步细化，具体包括：D_1：产业资本和金融资本协同实施战略方案的一致性程度；D_2：产业资本和金融资本对产融结合重要性的认知程度；D_3：产业资本和金融资本战略互补、战略支持及战略风险的共享程度；D_4：一般性管理能力协同；D_5：行业专属性管理能力协同；D_6：产业资本和金融资本专属性非管理人员能力协同；D_7：产业资本和金融资本非专属性管理人员能力协同；D_8：组织部门协调能力协同；D_9：组织整合知识能力协同；D_{10}：组织环境适应能力协同；D_{11}：组织公司治理能力协同；D_{12}：产融集团系统规模经济协同；D_{13}：产融集团系统范围经济协同；D_{14}：产融集团系统成长经济协同；D_{15}：节税利益协同；D_{16}：内部融资利益协同；D_{17}：外部融资利益协同。据此，产融集团系统协同效应识别指标体系可用表 4.2 来描述。

表 4.2 产融集团系统协同效应识别指标体系

产融集团系统整体协同效应（A）	战略协同效应（C_1）	产业资本和金融资本协同实施战略方案的一致性程度（D_1）
		产业资本和金融资本对产融结合重要性的认知程度（D_2）
		成员单位战略互补、战略支持及战略风险的共享程度（D_3）
	管理协同效应（C_2）	一般性管理能力协同（D_4）
		行业专属性管理能力协同（D_5）
		产业资本和金融资本专属性非管理人员能力协同（D_6）
		产业资本和金融资本非专属性管理人员能力协同（D_7）
	组织协同效应（C_3）	组织部门协调能力协同（D_8）
		组织整合知识能力协同（D_9）
		组织环境适应能力协同（D_{10}）
		组织公司治理能力协同（D_{11}）
	经营协同效应（C_4）	产融集团系统规模经济协同（D_{12}）
		产融集团系统范围经济协同（D_{13}）
		产融集团系统成长经济协同（D_{14}）
	财务协同效应（C_5）	节税利益协同（D_{15}）
		内部融资利益协同（D_{16}）
		外部融资利益协同（D_{17}）

子准则层的识别指标体系可以进一步细分为多级基本指标层。其中，战略协同效应的子准则层属于主观性指标，不再细分；管理协同效应中的 D_4、D_5 和 D_7 和财务协同效应中的节税利益协同 D_{15} 要么属于主观性指标，要么已经细分到可直接计量层次，也不再细分。其他子准则层指标体系的细分如表 4.3 所示。

表 4.3 产融集团系统协同效应子准则层指标体系的细分

专属性非管理人员协同 D_6	单个员工身上的组织资本 E_1
	员工与其工作的匹配知识 E_2
	员工与员工的知识匹配 E_3

（续表）

集团部门协调能力协同 D_8	集团系统与战略业务单位的协调性 E_4
	集团系统与支持业务单位的协调性 E_5
	战略业务单位与支持业务单位的协调性 E_6
集团知识整合能力协同 D_9	知识替代的程度和效率 E_7
	知识相关性及其互补程度 E_8
	知识转移的速度和畅通性 E_9
	知识共享的范围和程度 E_{10}
	知识创新动力、能力和协同性 E_{11}
集团环境适应能力协同 D_{10}	制度环境的融合性 E_{12}
	组织文化的契合性 E_{13}
	信息平台的通用性 E_{14}
	市场环境的适应性 E_{15}
	社会资本的嵌入性 E_{16}
集团公司治理能力协同 D_{11}	董事会和投资人的协同效应 E_{17}
	董事会与外部合伙人的协同效应 E_{18}
	董事会与经理层的协同效应 E_{19}
	董事会、经理层与监事会的协同效应 E_{20}
规模经济协同 D_{12}	固定成本的规模分摊、存储损耗降低等生产性协同效应 E_{21}
	共同客户市场、营销经济性、研发经济性和品牌声誉效应等非生产性协同 E_{22}
范围经济协同 D_{13}	资源要素的“公共品性质”或“非（低）资产专用性”与范围经济 E_{23}
	集团闲置资源或能力与范围经济 E_{24}
	成本互补性与范围经济 E_{25}
成长经济协同 D_{14}	集团系统资源利用率 E_{26}
	企业家服务能力 E_{27}
	管理服务能力 E_{28}

（续表）

内部融资利益协同 D_{16}	融资交易成本的降低 E_{29}
	内部资本市场的配置效率 E_{30}
	内部关联交易、利益冲突、道德风险等交易风险 E_{31}
外部融资利益协同 D_{17}	声誉溢价收入 E_{32}
	风险外溢损害 E_{33}

4.3 产融集团系统协同效应的模糊综合评价模型

根据上述AHP模型(图4.4)和产融集团系统协同效应识别指标体系(表4.2),本节采用多层模糊综合评价方法构建产融集团系统协同效应的评价模型,以建立一个产融集团系统协同效应的评价体系。首先用层次分析法建立产融集团系统协同效应的识别评价指标体系并计算指标权重,然后对该权重进行修正,再采用模糊综合评价方法计算协同效应指数。

4.3.1 基于层次分析法(AHP)计算指标体系的权重

按照AHP基本思想,该方法的步骤是:第一,分析系统中各因素间的关系,建立递阶层次结构;第二,对同一层次各指标关于上一层次某准则的相对重要性进行两两比较,构造比较判断矩阵;第三,由判断矩阵计算被比较指标对该准则的相对权重;第四,计算各层次指标对系统总目标的合成权重,并进行排序。

1. AHP的具体计算方法[123]

(1)对每个因素构造判断矩阵。由决策人或专家组通过对两两因素的比较,用表4.4的标度打分,得到判断矩阵$A=(a_{ij})_{n\times n}$。

表4.4 AHP判断矩阵的标度及含义

标度 a_{ij}	含义
1	表示两因素 b_i 和 b_j 相比,具有同等重要性
3	表示两因素 b_i 和 b_j 相比,一个因素比另一个稍微重要
5	表示两因素 b_i 和 b_j 相比,一个因素比另一个明显重要

（续表）

标度 a_{ij}	含 义
7	b_i 和 b_j 相比，一个因素比另一个因素强烈重要
9	b_i 和 b_j 相比，一个因素比另一个因素极端重要
2、4、6、8	上述两相邻判断的中值，指两因素比较介于相邻判断之间
倒数	因素 i 和 j 比较结果为 b_{ij}，则因素 j 和 i 比较结果为 $b_{ji}=1/bij$

为了保证 a_{ij} 的科学合理性，本书采用德尔菲法对 a_{ij} 赋值，即金融系统、产业系统和研究机构选取相应专家，设置问卷调查表，要求其给出指标体系两两指标之间对产融集团系统协同效应的 a_{ij} 值，并根据各专家学者的学识、资历和行业经验等给定其信任度系数，加权汇总便得到最终的 a_{ij} 值。综合有关专家给出的所有 a_{ij} 值，将其排列成矩阵形式，即：$A=(a_{ij})_{n\times n}$，

$$A=(a_{ij})=\begin{bmatrix} a_{11} & a_{12} & \cdots & a_{1n} \\ a_{21} & a_{22} & \cdots & a_{2n} \\ \vdots & \vdots & \vdots & \vdots \\ a_{n1} & a_{n2} & \cdots & a_{nn} \end{bmatrix}$$

其中，$a_{ij}>0$，$a_{ij}=1/a_{ji}$，且 $a_{ii}=1$，我们把满足这种条件的矩阵称为判断矩阵或对比矩阵。

(2)层次单排序及一致性检验。利用求矩阵 A 的最大特征根和特征向量，确定各因素的优先次序，再通过特征根导出一致性比率，判断其一致性。

首先，进行层次单排序，其常采用的计算方法有两种：

第一种：和积法

和积法的计算步骤如下：

①将判断矩阵 a_{ij} 按列进行归一化处理，并建立新的矩阵 $\overline{a}_{ij}$，归一化处理的过程可以被表达为：$\overline{a}_{ij}=\dfrac{a_{ij}}{\sum\limits_{k=1}^{n}a_{ij}}$，$i,j=1,2,\cdots,n$；

②每列归一化后的判断矩阵按行相加，得到：$\overline{W}_i=\sum\limits_{j}^{n}\overline{a}_{ij}$，$j=1,2,\cdots,n$；

③对向量 $\overline{W}=[\overline{W}_1,\overline{W}_2,\cdots\overline{W}_n]^T$ 归一化：$W=\frac{\overline{W}}{\sum_{j=1}^{n}\overline{W}_j}$，$i=1,2,\cdots,n$，得到的 $W=[W_1,W_2,\cdots W_n]^T$ 即为所求特征向量；

④ 计算判断矩阵的最大特征根：$\lambda_{max}=\sum_{i=1}^{n}\frac{(AW)_i}{nW_i}$，式中，$(AW)_i$ 表示向量 AW 的第 i 个分量。

第二种：方根法

方根法的计算步骤如下：

①计算判断矩阵每一行元素的乘积 M_i：

$$M_i=\prod_{j=1}^{n}a_{ij}, i=1,2,\cdots,n$$

② 计算 M_i 的 n 次方根 $\overline{W}_i$：

$$\overline{W}_i=\sqrt[n]{M_i}, i=1,2,\cdots,n$$

③ 对向量 $\overline{W}=[\overline{W}_1,\overline{W}_2,\cdots\overline{W}_n]^T$ 归一化：$W=\frac{\overline{W}}{\sum_{j=1}^{n}\overline{W}_j}$，$i=1,2,\cdots,n$，得到的 $W=[W_1,W_2,\cdots W_n]^T$ 即为所求特征向量；

④ 计算判断矩阵的最大特征根：$\lambda_{\max}=\sum_{i=1}^{n}\frac{(AW)_i}{nW_i}$，式中，$(AW)_i$ 表示向量 AW 的第 i 个分量。

其次，进行层次单排序的一致性检验：

第 1，平均一致性指标 RI 值表，见表 4.5。

表 4.5 RI 系数表

矩阵阶数 n	1	2	3	4	5	6	7	8	9
RI	0.00	0.00	0.58	0.90	1.12	1.24	1.32	1.41	1.45

第 2，计算判断矩阵一致性指标 CI：

$$CI=\frac{\lambda_{\max}-n}{n-1}$$

第3,计算随机一致性比率:

$$CR=\frac{CI}{RI}$$

当 $CR<0.10$ 时,认为判断矩阵具有一致性,否则就需要调整判断矩阵。

(3)层次总排序及一致性检验。

①第 $i+1$ 层子目标 s 权重的计算方法。设 s 与 i 层中 m 个子目标存在关联,这 m 个子目标的权重分别为 $W_{i1},W_{i2},\cdots,W_{im}$,而 s 在这 m 个子目标下的排序为 $v_1,v_2,\cdots,v_k$,则 s 的权重为:

$$W=\sum_{j=1}^{m}W_{ij}\times v_j$$

②总排序的一致性检验。现假设一个递阶层次结构有 n 层,第 k 层的指标数目为 $n_k(k=1,2,\cdots,n)$。令 W_{ik} 是第 k 层的第 i 个指标的合成权数,而 $CI_{i,k+1}$ 是第 $k+1$ 层指标对于第 k 层的第 i 个指标作两两比较的一致性指标。这样,整个递阶结构的一致性指标定义为:

$$CI=\sum_{k=1}^{n}\sum_{i=1}^{nk}W_{ik}CI_{i,k+1}$$

式中 n_{ik} 为第 k 层中与第 $k+1$ 层指标有关联的指标数目。如把 $CI_{i,k+1}$ 用相应的平均随机一致性代替,则可得到递阶结构的平均随机一致性指标:

$$RI=\sum_{k=1}^{n}\sum_{i=1}^{nk}W_{ik}RI_{i,k+1}$$

整个递阶结构总的随机一致性比例为 $CR=CI/RI$,由此可计算各层对目标层的合成权重,并进行一致性检验。

2. 产融集团系统协同效应指标评价体系权重的确定

(1)我们以某产融集团系统准则层C为例,确定其战略协同效应 C_1、管理协同效应 C_2、组织协同效应 C_3、经营协同效应 C_4 和财务协同效应 C_5 等的相对权重。

假设将某产融集团系统准则层的五个单位进行两两比较,并综合专家意见,得到准则层的判断矩阵如下:

$$A=\begin{bmatrix}1 & 1/4 & 1/3 & 1/2 & 1/5\\4 & 1 & 1/2 & 3 & 1/3\\3 & 2 & 1 & 2 & 1/3\\2 & 1/3 & 1/2 & 1 & 1/4\\5 & 3 & 3 & 4 & 1\end{bmatrix}$$

①按照和积法，将判断矩阵每一列归一化后的矩阵为：

$$A=\begin{bmatrix}0.067 & 0.038 & 0.062 & 0.048 & 0.095\\0.267 & 0.152 & 0.094 & 0.286 & 0.157\\0.200 & 0.304 & 0.188 & 0.190 & 0.157\\0.133 & 0.050 & 0.094 & 0.095 & 0.118\\0.333 & 0.456 & 0.562 & 0.381 & 0.473\end{bmatrix}$$

②按行相加可得：

$$\overline{W}_1=\sum_{j=1}^{5}\overline{a}_{1j}=0.067+0.038+0.062+0.048+0.095=0.310$$

$$\overline{W}_2=\sum_{j=1}^{5}\overline{a}_{2j}=0.267+0.152+0.094+0.286+0.157=0.956$$

$$\overline{W}_3=\sum_{j=1}^{5}\overline{a}_{3j}=0.200+0.304+0.188+0.190+0.157=1.039$$

$$\overline{W}_4=\sum_{j=1}^{5}\overline{a}_{4j}=0.133+0.050+0.094+0.095+0.118=0.490$$

$$\overline{W}_5=\sum_{j=1}^{5}\overline{a}_{5j}=0.333+0.456+0.562+0.381+0.473=2.205$$

③将向量 $\overline{W}=[0.3100.956\ 1.039\ 0.490\ 2.205]^T$ 归一化得：

$$\sum_{j=1}^{n}\overline{W}_j = 0.310 + 0.956 + 1.039 + 0.490 + 2.205 = 5$$

$$W_1 = \frac{\overline{W}_1}{\sum_{j=1}^{n}\overline{W}_j} = \frac{0.31}{5} = 0.062; W_2 = \frac{\overline{W}_2}{\sum_{j=1}^{n}\overline{W}_j} = \frac{0.956}{5} = 0.191$$

$$W_3 = \frac{\overline{W}_3}{\sum_{j=1}^{n}\overline{W}_j} = \frac{1.039}{5} = 0.208; W_4 = \frac{\overline{W}_4}{\sum_{j=1}^{n}\overline{W}_j} = \frac{0.490}{5} = 0.098$$

$$W_5 = \frac{\overline{W}_5}{\sum_{j=1}^{n}\overline{W}_j} = \frac{2.205}{5} = 0.441$$

则所求特征向量为：$W = [0.062\ 0.191\ 0.208\ 0.098\ 0.441]^T$

④计算判断矩阵的最大特征根 λ_{max}，由

$$AW = \begin{bmatrix} 1 & 1/4 & 1/3 & 1/2 & 1/5 \\ 4 & 1 & 1/2 & 3 & 1/3 \\ 3 & 2 & 1 & 2 & 1/3 \\ 2 & 1/3 & 1/2 & 1 & 1/4 \\ 5 & 3 & 3 & 4 & 1 \end{bmatrix} \begin{bmatrix} 0.062 \\ 0.191 \\ 0.208 \\ 0.098 \\ 0.441 \end{bmatrix} = \begin{bmatrix} 0.316 \\ 0.984 \\ 1.119 \\ 0.500 \\ 2.340 \end{bmatrix}$$

所以

$$\lambda_{max} = \sum_{i=1}^{5}\frac{(AW)_i}{nW_i} = \frac{(AW)_1}{5W_1} + \frac{(AW)_2}{5W_2} + \frac{(AW)_3}{5W_3} + \frac{(AW)_4}{5W_4} + \frac{(AW)_5}{5W_5}$$

$$= \frac{0.316}{5\times 0.062} + \frac{0.984}{5\times 0.191} + \frac{1.119}{5\times 0.208} + \frac{0.5}{5\times 0.098} + \frac{2.340}{5\times 0.441}$$

$$= 5.206$$

⑤进行一致性检验

一致性指标为：

$$CI = \frac{\lambda_{max} - n}{n-1} = \frac{5.206 - 5}{5-1} = 0.0515$$

检验标准系数为：

$$CR=\frac{CI}{RI}=\frac{0.0515}{1.12}=0.043<0.1$$

可见以上判断矩阵通过一致性检验，指标权重有效。具体如表4.6所示。

表4.6　准则层C的判断矩阵及其一致性检验表

A	C_1	C_2	C_3	C_4	C_5	特征向量值
C_1	1	1/4	1/3	1/2	1/5	0.062
C_2	4	1	1/2	3	1/3	0.191
C_3	3	2	1	2	1/3	0.208
C_4	2	1/3	1/2	1	1/4	0.098
C_5	5	3	3	4	1	0.441

注：$\lambda_{max}=5.206, CI=0.0515, RI=1.12, CR=0.043<0.1$

(2)运用上述同样的计算过程，我们可以求解出各子准则层次指标体系的相对权重。结果参见表4.7～表4.11所示。

表4.7　D_{1-3}的判断矩阵及其一致性检验

C_1	D_1	D_2	D_3	特征向量值
D_1	1	2	1/3	0.230
D_2	1/2	1	1/5	0.122
D_3	3	5	1	0.648

注：$\lambda_{max}=3.004, CI=0.002, RI=0.58, CR=0.003<0.1$

表4.8　D_{4-7}的判断矩阵及其一致性检验

C_2	D_4	D_5	D_6	D_7	特征向量值
D_4	1	1	1	1/3	0.167
D_5	1	1	1	1/3	0.167
D_6	1	1	1	1/3	0.167
D_7	3	3	3	1	0.499

注：$\lambda_{max}=4.065, CI=0.022, RI=0.90, CR=0.024<0.1$

表 4.9 D_{8-11}的判断矩阵及其一致性检验

C3	D_8	D_9	D_{10}	D_{11}	特征向量值
D_8	1	1/7	1/2	1/5	0.064
D_9	7	1	4	2	0.509
D_{10}	2	1/4	1	1/3	0.119
D_{11}	5	1/2	3	1	0.308

注：$\lambda_{max}=4.022$，$CI=0.007$，$RI=0.90$，$CR=0.078<0.1$

表 4.10 D_{12-14}的判断矩阵及其一致性检验

C_4	D_{12}	D_{13}	D_{14}	特征向量值
D_{12}	1	1/7	1/9	0.055
D_{13}	7	1	1/3	0.290
D_{14}	9	3	1	0.655

注：$\lambda_{max}=3.081$，$CI=0.040$，$RI=0.58$，$CR=0.069<0.1$

表 4.11 D_{15-17}的判断矩阵及其一致性检验

C_5	D_{15}	D_{16}	D_{17}	特征向量值
D_{15}	1	1/5	1/3	0.106
D_{16}	5	1	3	0.633
D_{17}	3	1/3	1	0.261

注：$\lambda_{max}=3.036$，$CI=0.018$，$RI=0.58$，$CR=0.031<0.1$

(3)各准则层指标对目标层的相对权重。将通过 AHP 法得到的各指标权重与它的上一层权重相乘即得出该指标在上一层中的权重。根据表 4.6～表 4.11 所示数据，可以计算得到该产融集团系统的各准则层指标对目标层的相对权重，具体如表 4.12 所示。

表4.12 各准则层指标对目标层的相对权重及因素排序

A	C_1	C_2	C_3	C_4	C_5	总体相对权重	因素排序
	0.062	0.191	0.208	0.098	0.441		
D_1	0.230					0.014	14
D_2	0.122					0.008	16
D_3	0.648					0.040	8
D_4		0.167				0.032	9
D_5		0.167				0.032	10
D_6		0.167				0.032	11
D_7		0.499				0.086	4
D_8			0.064			0.013	15
D_9			0.509			0.106	3
D_{10}			0.119			0.025	13
D_{11}			0.308			0.064	6
D_{12}				0.055		0.005	17
D_{13}				0.290		0.028	12
D_{14}				0.655		0.064	5
D_{15}					0.106	0.047	7
D_{16}					0.633	0.279	1
D_{17}					0.261	0.115	2

上述分析表明，财务协同是产融集团系统协同效应的主要影响因子，占总权重的44.1%。而其中内部融资利益协同和外部融资利益协同又是决定财务协同效应的主要因素，分别占总权重的27.9%和11.5%。这与非相关多元化企业集团的协同发展和战略利益的实证研究是一致的。与此同时，组织整合知识能力协同和公司治理能力协同、集团内人力资本或人力资源的协同、产融集团系统成长经济和范围经济协同也在产融集团协同效应和协同发展中发挥了重要作用。

4.3.2 基于模糊综合评价法计算协同效应指数

通过层次分析法，我们构建了产融集团系统协同效应具体指标体系并计算了其相对权重。但产融集团系统内产业资本和金融资本的协同效应究竟处在什么样的状态，还需要请若干专家对每个具体指标进行评议，以得出产融集团系统的最终协同效应指数。本节利用模糊综合评判法来计算产融集团系统协同效应指数。

1. 要素协同效应模糊综合评判法模型[124-125]

用模糊综合评判法建立产融集团系统协同效应指数评定模型如下：

(1)根据评判目的，建立评判因素集 U，该因素集由最基层的各个指标组成。产融集团系统因素评判集为：

$$U=\{D_1,D_2,\cdots,D_{17}\}$$

(2)由 AHP 模型确定以上各个评判指标的相对权重。以模糊向量 A 作为权重向量，则

$$A=\{a_1,a_2,\cdots,a_n\}\text{，其中，}(0\leqslant a_i\leqslant 1)\text{，}\sum_{i=1}^{n}a_i=1$$

(3)确定评语集 C。评语集可分为 m 个等级，记作 $C=\{C_1,C_2,\cdots,C_m\}$，为方便起见，设评语集分为四个等级：优、良、中、差。

(4)请若干专家对产融集团系统协同效应进行评议，给出评语。如果若干专家(设为 e 个)就某一因素作单因素评估，结果评语中有 e_1 个优，e_2 个良，e_3 个中，e_4 个差，且 $e_1+e_2+e_3+e_4=e$，则对该因素的指标评估记作：$u_1\rightarrow\left(\frac{e_1}{e},\frac{e_2}{e},\frac{e_3}{e},\frac{e_4}{e}\right)$，类似其他因素的评判结果为：$u_i\rightarrow\left(\frac{e_{i1}}{e},\frac{e_{i2}}{e},\frac{e_{i3}}{e},\frac{e_{i4}}{e}\right)=(v_{i1},v_{i2},v_{i3},v_{i4})$。

(5)建立模糊关系矩阵。把各单指标评判向量结合起来，这样可得到从 u 到 v 的 n 行 4 列的模糊关系矩阵：

$$R=\begin{bmatrix} v_{11} & v_{12} & v_{13} & v_{14} \\ v_{21} & v_{22} & v_{23} & v_{24} \\ \cdots & \cdots & \cdots & \cdots \\ v_{n1} & v_{n2} & v_{n3} & v_{n4} \end{bmatrix}$$

(6)进行综合评判运算：

$$B=A\cdot R=\{a_1,a_2,\cdots,a_n\}\begin{bmatrix} v_{11} & v_{12} & v_{13} & v_{14} \\ v_{21} & v_{22} & v_{23} & v_{24} \\ \cdots & \cdots & \cdots & \cdots \\ v_{n1} & v_{n2} & v_{n3} & v_{n4} \end{bmatrix}=(b_1,b_2,b_3,b_4)$$

其中，$b_j(j=1,2,3,4)$就是模糊综合评判指标。在模糊综合评判中，考虑采用"逻辑乘、逻辑加"算子会丢失大量有价值的信息，因此，我们在综合评判中采用"实数乘、有界和"算子。

2. 产融集团系统协同效应指数的计算

首先，基于因素集 $U=\{D_1,D_2,\cdots,D_{17}\}$、评语集 $C=\{C_1,C_2,\cdots,C_m\}$、专家评判结果 $u_i=(v_{i1},v_{i2},v_{i3},v_{i4})$以及上述由 AHP 模型确定的各个评判指标的相对权重 $A=\{a_1,a_2,\cdots,a_n\}$，我们假设可得到某产融集团系统协同效应的评判矩阵，如表 4.13 所示。

表 4.13 评判矩阵及权重

一级指标	二级指标	三级指标	模糊关系矩阵及权重				
			优	良	中	差	权重
产融集团系统协同效应指数 A	战略协同效应 C_1 0.062	D_1	0.3	0.3	0.2	0.2	0.230
		D_2	0.2	0.4	0.2	0.2	0.122
		D_3	0.2	0.3	0.2	0.3	0.648
	管理协同效应 C_2 0.191	D_4	0.4	0.4	0.2	0	0.167
		D_5	0.3	0.3	0.2	0.2	0.167
		D_6	0.2	0.4	0.2	0.2	0.167
		D_7	0.3	0.4	0.2	0.1	0.499
	组织协同效应 C_3 0.208	D_8	0.4	0.3	0.2	0.1	0.064
		D_9	0.2	0.4	0.2	0.2	0.509
		D_{10}	0.4	0.4	0.2	0	0.119
		D_{11}	0.2	0.3	0.2	0.3	0.308
	经营协同效应 C_4 0.098	D_{12}	0.2	0.3	0.3	0.2	0.055
		D_{13}	0.3	0.4	0.3	0	0.290
		D_{14}	0.4	0.4	0.2	0	0.655
	财务协同效应 C_5 0.441	D_{15}	0.4	0.4	0.2	0	0.106
		D_{16}	0.6	0.3	0.1	0	0.633
		D_{17}	0.5	0.3	0.1	0.1	0.261

表 4.14 模糊关系运算结果

一级指标	二级指标	模糊关系运算结果			
产融集团系统协同效应指数 A	战略协同效应 C_1(0.062)	0.223	0.312	0.200	0.265
	管理协同效应 C_2(0.191)	0.300	0.383	0.200	0.117
	组织协同效应 C_3(0.208)	0.236	0.362	0.200	0.202
	经营协同效应 C_4(0.098)	0.360	0.394	0.235	0.011
	财务协同效应 C_5(0.441)	0.553	0.311	0.110	0.026

其次,对表 4.13 进行模糊关系运算,可得表 4.14。进一步进行模糊关系计算,最终可得该产融集团系统协同效应指数为:

$$B=(0.3993,0.3455,0.1637,0.0915)$$

计算结果显示,39.93%的人认为该产融集团系统协同效应为“优”,34.55%的人认为“良”,16.37%的人认为“中”,9.15%的人认为“差”。若我们另评语“优”10 分,“良”为 8 分,“中”为 6 分,“差”为 4 分,则评判集上的考核评分列向量为:

$$C=(10\ 8\ 6\ 4)^{\mathrm{T}}$$

于是,该产融集团系统协同效应的最终指数分值为:

$$\begin{aligned} S &= B \cdot C \\ &= (0.3993\ 0.3455\ 0.1637\ 0.0915)(10\ 8\ 6\ 4)^{\mathrm{T}} \\ &= 8.11(\text{分}) \end{aligned}$$

由此可见,该产融集团系统协同效应综合评判的结果介于“优”和“良”之间,还有很大的提升产融集团系统协同能力和协同效应的空间。

4.3.3 基本结论

本节从产融集团系统协同效应的识别和评价指标体系出发,利用层级分析法和模糊综合评价法,构建了产融集团系统协同效应指数模型和产融集团系统协同效应评价体系。研究表明,财务协同是集团系统协同效应的主要影响因子,组织整合知识能力协同和公司治理能力协同、集团内人力资本或人力资源的协同、产融集团系统成长经济和范围经济协同也在产融集团协同效应和协同发展中发挥了重要作用。另外，该模型具有很强的操作性和实用性，可以真实地反映产融集团系统协同效应的综合状况，对集团系统的协同发展决策具有重要意义。

4.4 本章小结

协同效应是产融集团系统生成的动力机制，也是产融集团系统自组织演化和发展的现实基础。产融集团系统发展的协同效应研究主要包括三个方面的问题研究，即产融集团系统协同效应的实现机制、识别体系和评价模型。

本章基于异质性假设来研究产融集团系统协同效应的来源。产融集团系统的协同效应来源于产业资本、金融资本、人力资本及等资源的整合过程，这一整合过程的资源协同机制主要有：资源替代机制、资源互补机制、资源共享机制、冲突清除机制和学习创新机制。产融集团系统协同效应的实现机制体现在产融集团内静态协同效应和动态协同效应两个层次，第二层次即系统整体的动态协同效应才是产融集团生成和存在的必要性，也是集团系统协同价值创造的重要标准。

产融集团系统协同效应包括五种类型，即：由产业资本和金融资本战略结合的认知意愿程度、对未来合作产生的超额收益的依赖程度或重视程度耦合而成的战略协同效应；由产融集团中同质要素的聚合而产生的协同效应、异质要素的配合而产生的协同效应、人力资本学习创新整合效应共同耦合而成的管理协同效应；由产融集团的规模经济效应、范围经济效应、交易费用效应、学习曲线效用等耦合而成的经营协同效应；由财务整合效应、节税利益效应、降低内外融资成本、财务杠杆及预期效应等耦合而成的财务协同效应；由组织整合知识能力、部门协调能力、环境适应能力和公司治理能力等耦合而成的组织协同能力。这些协同效应共同构成了产融集团的协同价值。本章基于这些协同效应的类型，利用层次分析法（AHP）构建了产融集团系统协同效应的识别体系。最后在识别体系的基础上，我们构建了产融集团系统协同效应的模糊综合评价（F－AHP）模型，实证检验了产融集团系统协同效应指数。

第5章　产融集团系统发展的协同风险研究

产融集团系统协同发展的本质就是实现协同效应,使产融系统发挥整体功能而产生更大的企业价值。但正如前文所述,产业资本和金融资本的协同既可以在识别协同机会的基础上通过管理协同和组织协同产生协同效应,又可能带来协同成本,因为协同或多或少都要要求业务单元以某种方式修正它们原有的行为模式。换句话说,产融集团系统内部各要素系统良性的耦合运行会带来正的协同效应,而不良的冲突运行则可能产生负的协同效应。而协同成本或负协同效应会进一步演化成协同风险。基于此,本章在对产融集团系统发展中的一般性风险和特殊性风险进行理论分析的基础上,研究产融集团系统风险的加总和度量,并从自组织角度探讨产融集团系统风险协同管理的空间结构、管理流程及其风险控制框架体系。

5.1　产融集团系统风险的理论分析

产融集团的经营领域横跨产业和金融业,面临的风险较为复杂,而且产业资本对金融资本介入越深,其风险也就越大。产融集团系统既具有产业和金融业发展中遇到的,诸如市场风险、政策性风险、经营决策风险等一般性风险,又具有产融集团化后产生的包括控股股东的道德风险、利益冲突风险、关联交易风险等在内的特殊性风险。

5.1.1　产融集团系统的一般性风险

产融集团系统的一般性风险,是指由于产融集团所处环境的不确定性所导致的、通过影响集团资产负债表而影响其运作的客观性风险。这类风险与产业和金融业是否结合没有因果关系，是各成员机构撇开集团化因素而作为独立机构所面临的各项风险。

产融集团系统所处的运行环境是正逐步走向成熟、规范和逐步走向开放的新兴中国金融市场。而现阶段，中国金融市场、产业融合模块化市场和金融投融资主体行为的不成熟性却是一个不争的事实，比如金融投融资主体混乱分散性、资金供给需求产业的素质差异性、产融集团产权制度及治理结构虚位性、集团系统风险内部治理和内部控制制度的虚设性、金融监管能力水平滞后性等。这些不成熟状态的长期存在无疑会增加产融集团系统经营中的风险因素和风险来源，甚至直接影响风险的形成过程。

就产融集团系统而言，在集团层面和子公司层面目前至少面临着如表5.1所示的各类一般性风险，而产融集团系统面临的这些一般性风险类型的界定如表5.2所示[38]。

表5.1　产融集团系统各层次面临的一般性风险类型

产融集团结构层次	产融集团系统面临的一般性风险类型							
	市场风险	信用风险	操作风险	流动性风险	管理决策风险	制度缺陷风险	政策法规风险	其他风险
集团层面				●	●	●	●	●
子公司层面	●	●	●	●	●	●	●	●

说明：●表示风险覆盖范围。

表5.2　产融集团面临的一般性风险类型的界定

风险类型	风险界定
市场风险	◎由于金融及产业市场上的价格波动，如利率、汇率、证券价格的变化等给公司带来的资产收益或损失的不确定性
信用风险	◎由于交易对手不能或不愿履行合约承诺而造成公司遭受潜在损失的可能性
操作风险	◎公司在日常业务经营管理过程中，因为内控制度缺失、操作不当、违章操作或缺少必要的规章制度或信息系统以外错误而造成的损失

（续表）

风险类型	风险界定
流动性风险	◎集团和子公司在现金流或头寸不足的情况下，由于无法售出或不得不以非常低的价格出售资产而无力偿还债务的风险
管理决策风险	◎集团和子公司在战略决策、资本配置、项目投资、高层管理聘用、内部管理系统调整等重大问题的决策方面所面临的不确定性
制度缺陷风险	◎中国的产业组织、金融机构和产融集团因产权结构、体制建设、治理机制、管理权限划分等制度性因素存在不合理而蕴藏的潜在风险
政策法规风险	◎因国家政策法规的非连续性变动或滞后造成或影响集团与子公司的经营环境，以及集团或子公司对国家政策法规的违背，从而引致对集团或子公司经营与交易行为的冲击
其他风险	◎上述风险类型中没有涵盖的其他对集团或子公司可能产生冲击的因素

产融集团的一般性风险独立于集团之外而客观存在，产融集团只能接受并系统管理这些风险而不能控制这些风险。这就要求产融集团系统自组织衍生出风险集成管理系统以适应不成熟的中国金融市场、产业融合模块化市场和金融投融资主体行为的现状，合理确定风险管理的手段，强化风险的预测能力、控制能力和承受能力，并抑制以至于消除自身过度的非理性和投机性行为；要求产融集团系统协同发展过程中，完善集团内部组织结构和治理机制，建立基于信息共享和风险集成管理的网络平台以实现金融类子公司和产业类子公司在物理网点上协同与融合，从而达到资源共享、风险共担的均衡与协同。

5.1.2 产融集团系统的特殊性风险

产融集团系统蕴藏着特殊而复杂的风险，这些风险的存在导致产融集团系统的整体风险可能大于单个成员机构的风险之和。Cummings&Hirtle (2001)[126]认为，集团系统整体风险大于单个成员机构的风险之和的原因在于声誉风险的溢出效应以及整体风险协同管理的困难性。Kwan&Laderman (2004)[127]的研究指出，金融控股集团在多样化溢价和潜在风险分散收益的同时也增加了集团系统危机和破产的潜在可能性。Luc Laeven&Ross Levine(2007)[128]研究表明,多元化产融集团的市值低于专业化的金融中介,这主要是由于产融集团系统的范围经济和成长经济可能没有足够大到产生多元化溢价,根本原因有多种,但多样化经营中代理问题引发的道德风险、利益冲突风险、风险传染等属于关键性原因。

作为产融集团内部资本的两种不同形态,产业资本和金融资本各自具有不同特点。前者在经营上具有稳定性,但扩张性差;后者则具有经营投机性和资产外来性两大特点。总体上说,在发生危机时,金融资本所受到的冲击比产业资本所受到的影响更直接。产融集团是跨行业、跨区域的多种产融机构和产融业务的结合体,在产品市场上担任着市场角逐者的角色,在金融市场上担任着如发行中介、投资者、融资者、信息提供者等诸多角色。因此,不同形态的产业资本和金融资本集团化后会产生内源性运营风险,即包括控股股东掏空的道德风险、管理协同失衡的利益冲突风险、内部人控制的关联交易风险、项目投资和经营不善造成的声誉传染风险等在内的特殊性风险。

特殊性风险的原因有三:一是产融集团系统组织结构的复杂性。集团系统多层次的组织架构和多成员机构关系错综复杂,加之公司治理结构不合理和防火墙制度缺失,大量关联交易将导致严重的潜在利益冲突而诱发风险、侵害公共安全网和债权人利益的道德风险以及系统内部风险传染。二是集团系统整体层面风险管理的复杂性。产融集团涵盖了不同风险收益属性的业务,这些不同风险收益属性业务的结合使得产融集团的风险管理,尤其是整体层面的风险管理更为复杂。三是产融集团系统监管的复杂性。传统机构监管在监管标准、监管范围上的诸多差异,使得产融集团的监管面临着如监管真空、监管套利等诸多挑战;产融集团内子公司会计制度的不同,也不利于集团管理层和监管者及时、准确了解其财务信息,增加了控制和监管的难度,容易带来监管盲区。

基于上述分析,本书从集团内部经营风险和集团经营造成的外部性风险两个方面来分析产融集团系统风险的特殊性风险。

1. 内部经营风险

产融集团的内部经营风险主要表现在过度财务杠杆引致的资本金重复计算风险、内部人控制引致的关联交易风险、控股股东控制权滥用引致的道德风险、集团多目标利益主体引致的利益冲突风险、复杂组织结构引致的透明度风险等。

(1)过度财务杠杆引致的资本金重复计算风险

产融集团内部存在着复杂的持股关系,通过母公司控股子公司的方式可以利用较少的资本控制大量非自有资本,形成了多重财务杠杆,产生了"资本扩音器"的效应。这一方面提高了资本的使用效率,实现了产融集团的资本优势;另一方面却带来了集团内部资本的重复计算问题,即同一资本被用于两个或更多利益主体的问题。

资本金的重复计算有两种情况[129]:一是母公司拨付给子公司的资本金在母公司和子公司的资产负债表中同时反映而造成资本金重复计算,若子公司又用这笔资金在集团系统内继续投资,则这笔资本还将被多次重复计算,从而形成财务的多重杠杆;二是集团系统子公司之间相互持股,造成股权结构复杂及资本金多次重复计算。资本在集团系统内部的重复计算情况可用图 5.1 来表示。因为只有集团系统外部资本金才能抵补集团的整体资本金风险,尽管有所谓的"杠杆效应",但这种扩张方式蕴藏着巨大风险,可能掩盖集团系统整体资本充足率,降低产融集团的偿付能力和抗风险能力,从而给整个集团带来灾难性损失和威胁。

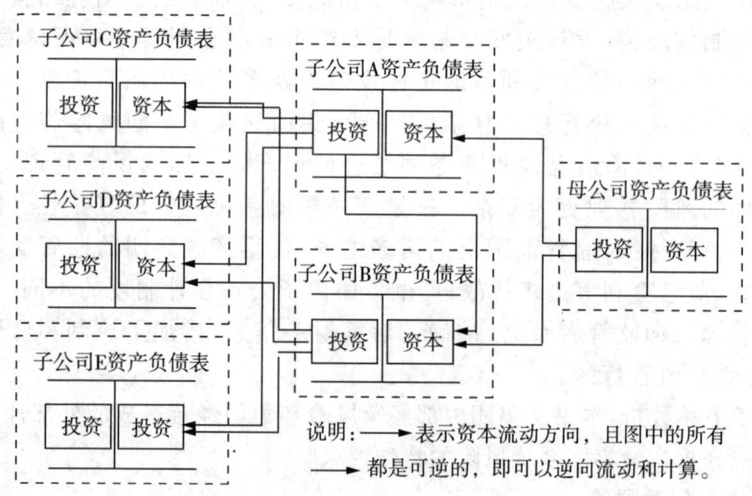

图 5.1 资本在产融集团系统的重复使用和计算

资料来源:作者根据凌晓东. 多元化金融集团的监管:原则与方法. 国际金融研究,1999(8)整理所得。

(2)内部人控制引致的关联交易风险

内部关联交易是指集团系统内部资金和商品的相互划拨、相互抵押、相互担保，以及为了避税或逃避监管而相互转移利润；或者以若干表面不相干的工具公司共同投资于一家金融机构，每一家占有的股份都低于金融监管当局规定的需要申报的数额或比例，以实现实际控股[3]。内部关联交易为合理避税、转移利润、获取公司控制权、形成市场垄断、分散投资风险等提供了在市场运行外衣掩护下的合法途径，同时也增加了集团系统关联交易内部人士进行内幕交易的机会和市场操纵的手段。产融集团系统由于控制了庞大而复杂的产业组织群和金融机构群，内部关联交易广泛存在于集团大规模并购和扩张的过程。在当前监管缺失的情况下，无论是打着实业扩张还是产融结合旗号的产融集团的发展，都必然会利用大量的内部关联交易以实现快速扩张。

以产融集团发展的典型代表德隆集团为例，德隆集团一方面斥巨资收购了数百家产业公司，另一方面片面看重金融体系的融资功能，通过收购银行、证券、保险等金融机构大肆向金融业渗透，最终造就一个庞大的产业金融帝国，以“德隆国际”、“新疆德隆”、“新疆屯河”为主线，以控股、参股形式控制了200多家产业组织和金融机构，由此，德隆通过内部人控制的股权关系和金融机构，形成了复杂的融资路线和关联交易。表5.3列出了德隆集团股权质押贷款的明细表。

表5.3 德隆集团上市公司股权质押贷款明细表[130]

<table>
<tr><th>上市公司</th><th>持股单位</th><th>持股数</th><th>持股比例%</th><th>借款单位</th><th>借款银行</th><th>借款金额（万元）</th><th>质押股权（万股）</th></tr>
<tr><td rowspan="9">屯河投资</td><td>电河集团</td><td>12205.87</td><td>15.15</td><td rowspan="2">新疆德隆</td><td rowspan="2">中行新疆分行</td><td rowspan="2">11800</td><td rowspan="2">5924.02</td></tr>
<tr><td>新疆德隆</td><td>5924.02</td><td>7.35</td></tr>
<tr><td rowspan="2">新疆德隆</td><td rowspan="2">5964.00</td><td rowspan="2">7.4</td><td>深圳明斯克</td><td>深圳商行黄冈支行</td><td>1000</td><td>1600.00</td></tr>
<tr><td rowspan="2">上海创索</td><td rowspan="2">工行漕河泾支行</td><td rowspan="2">3600</td><td>4018.00</td></tr>
<tr><td rowspan="4">上海创基</td><td rowspan="4">5880.00</td><td rowspan="4">7.3</td><td>1063.00</td></tr>
<tr><td>南京重时中泰</td><td>华夏行南京分行</td><td>1400</td><td>2127.00</td></tr>
<tr><td>深圳金时网络</td><td>广发深圳百花园支行</td><td>1000</td><td>690.00</td></tr>
<tr><td>上海万浦</td><td>华夏行上海分行</td><td>1250</td><td>2000.00</td></tr>
<tr><td>小计</td><td>29973.89</td><td></td><td></td><td></td><td></td><td>17422.02</td></tr>
</table>

（续表）

上市公司	持股单位	持股数	持股比例%	借款单位	借款银行	借款金额（万元）	质押股权（万股）
合金投资	新疆德隆	8597.34	22.32	新疆德隆	中行新疆支行	11800	4363.34
					工行乌市明德路支行	5000	3580.00
				三维矿业	建行明园支行	4000	650.00
	北京绅士达	3258.39	8.46	上海锦松物资	交行浦东分行	2300	3240.00
	陕西恒业	3123.70	8.11	明斯克航母	深发行盐田支行	27000	477.63
	四川嘉隆	1146.31	2.98	上海万浦	民生行上海分行	870	1146.31
	北京杰圣	2865.78	7.44				1853.69
					华夏行上海分行	1250	842.00
	中企资产托管	2292.62	5.95	山东德农超市	建行济南珍珠泉支行	4800	1920.00
	小计	21284.14					18072.97
重庆实业	北京中经四通	1200.00	18.18	山东德农超市	建行济南珍珠泉支行	4800	1200.00
	重庆皇丰	926.60	14.04	重庆皇丰	交行大坪支行	2500	926.60
	上海万浦	746.60	11.31	南京重时中泰	华夏行南京分行	1600	746.60
	上海华岳	286.40	4.34	上海万浦	华夏行上海分行	1250	286.60
	小计	3159.60					3159.60
湘火炬	新疆德隆	20520.00	21.92	德隆国际	招行上海分行	9000	10020.00
				山东德农超市	中信银行济南解放路支行	3000	3733.00
				新疆德隆	工行乌市明德路支行	5000	4341.00
	株洲国资局	7439.76	7.95				
	广州市创宝	3600.00	3.84	德隆国际	农行上海静安支行	3000	2250.00
				湘火炬股份	中国进出口银行	1400	1350.00
	陕西众科源	2207.95	2.36				2207.95
	小计	33767.71					23901.95

（续表）

上市公司	持股单位	持股数	持股比例%	借款单位	借款银行	借款金额（万元）	质押股权（万股）
天山股份	屯河投资股份	5100.00	29.42				
	新疆金融租赁	180.00	1.04				
	小计	5280.00					
合计					84520		

资料来源：根据王云帆．俘获者：德隆最后的600天．上海文艺出版社，2006．相关资料整理。

从德隆集团的实际操作来看，产融集团的内部关联交易风险形成主要表现在两个方面：一是产业资本滥用控制权地位侵害金融机构权益而套取金融资本的风险。产业企业在出现资金困难时，可能滥用其控制权而侵害金融机构的权益，趁机套取金融机构的资金，使金融机构为自己“输血”并成为集团的“提款机”。这种行为实际上是一种转嫁危机的赌博行为，同时，也存在着严重的道德风险问题。二是金融机构随意抽取产业企业的生产资金，从而危及产业企业正常生产的风险。由于产业投资和金融投资截然不同的运动规律，高资产负债率、高收益波动性的金融资本对资金更具吸引力，具有很强的吸纳产业企业闲置资金的激励，而这种生产资金的非理性抽取在资金链条断裂处会危及实体企业正常的生产，进而带来集团风险的“多米诺骨牌”效应。

从学理上讲，内部关联交易一方面可能推进内部资本市场的构建和完善，降低内外部融资成本和运行效率；另一方面，客观上也存在粉饰公司财务报表、掩盖投资风险的潜在可能，这将导致控股公司和投资者对集团资本充足率的评估和衡量以及集团发展前景的判断发生困难或错误，进而影响产融集团的安危。从实践上讲，内部关联交易最大限度地运用财务杠杆很容易将风险集中于金融子公司，使风险从集团内不受监管的成员机构转移到受监管的成员机构，进而引发集团整体的系统性风险。

(3)控股股东滥用控制权引致的股东道德风险

控股股东滥用控制权引致的股东道德风险主要表现在两个方面：一是控股股东利用控制权过度追求控制权收益；二是控股股东利用控制权侵害公共安全网和债权人的利益。

①控股股东利用控制权过度追求控制权收益

控股股东追求控制权收益的行为主要有两种:一是掏空(Tunnelling);二是支持(Propping)。掏空是指控股股东为了私利而通过内部关联交易转移公司资源,侵占上市公司利益的行为。这既包括赤裸裸的偷盗或欺骗等违法行为,又包括合法地利用有利的转移价格、过度的经营者激励计划、交叉担保、交叉贷款和交叉控股或参股等行为。支持是指控股股东向被控股公司输送利益的行为。这种行为可以将上市公司塑造成一个高成长、绩优股的形象,既有利于上市公司从资本市场获取更多资金,又不易引起监管部门的高度关注,从而为最大化地从上市公司转移利益、获取控制权收益埋下了伏笔。德隆集团对通过德隆系对"老三股"的股价操纵进而获得控制权收益的情况正好佐证了这一观点。

②控股股东利用控制权侵害公共安全网和债权人的利益

市场经济条件下,金融机构是一类特殊的市场主体,具有"准公共产品"的特性,它们的破产或倒闭对整个市场经济体系都会产生严重的负面影响。因此,许多国家为维护金融体系的稳定,构建了金融安全网(Fianancial Safety Net)制度,即中央银行的最后贷款人制度、存款保险制度等显性担保制度以及政府救助、政府收购重组等隐性担保制度。产融集团系统在侵害公共安全网的道德风险方面表现为:对于受公共安全网保护的成员机构,道德风险的存在会扭曲其行为,即采取非理性过度扩张的风险投资战略;对于不受公共安全网保护的集团成员机构(即产业组织)在经营不善或风险累积的情况下,有可能将风险通过内部关联交易转移到受公共安全网保护的集团成员机构(即金融机构),然后通过搭公共安全网的便车,使其演变成了"准受公共安全网保护机构",在公共安全网机制下将风险和损失转移出去,实现"内部安全网"的外部化,最终由外部市场主体和社会公众承担(见图 5.2)[40]。另一方面,从产融集团系统整体层面看,产融集团会因其规模经济而陷入"太大而不倒"的道德风险困境,因其范围经济而陷入"根深而难拔"的道德风险困境。这两种道德风险既可能催生控股股东非理性的过度投机,采取疯狂式的扩张战略和过度自信的冒险行为,又可能形成危机发生后的倒逼机制,使监管当局陷入两难境地,使社会公众承担风险成本。德隆集团产业金融一体化及其快速的扩张路径以及后来因资金链条的断裂而轰然倒塌的事实,即是这种道德风险运用的典范。

从宏观金融体系看,产融集团控股股东通常搭乘金融安全网以实现内部安全网外部化;从微观融资体系看,产融集团的这种道德风险行为会造成对消费者及债权人利益的侵害。产融集团系统在侵害债权人利益的道德风险方面表现为:由

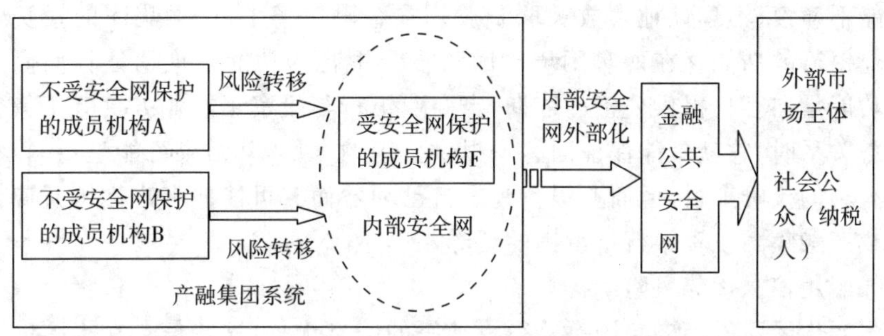

图5.2 产融集团系统搭公共安全网便车的道德风险

于产融集团各成员机构所从事业务或投资资产的风险系数不同以及产融集团与债权人的信息不对称，产融集团可以通过资产转移将高风险资产全部安排在一个独立子公司中，当出现盈利时，则可使自身利益最大化；当出现严重亏损时，便可以违约，实施破产，通过破产机制将风险损失转嫁给债权持有人，以此来侵害和榨取全部或部分债权人利益。这种冒险行为本质上既是一种策略性的资产转移行为，又是一种恶意的风险转移行为和控股股东的道德风险行为。

(4)集团多目标利益主体引致的利益冲突风险

产融集团的利益冲突是指由于产融集团从事两种或两种以上不同业务而引起的客户、公众投资者和公司之间的利益不协调。利益冲突的根源是主体角色的多元化和目标的多重性。产融集团内部有众多的利益相关者和多重的委托代理关系，在监管机制不健全、自律机制缺失和信息不对称的条件下，金融机构或产业组织为寻求成本、收益和风险的均衡，将产生违背代理忠诚、损害客户利益的利益冲突问题。具体来说，产融集团的利益冲突主要表现在以下几个方面[3][40][41]：

①强行搭售与捆绑销售风险

首先，为了成功销售证券，产融集团系统内的商业银行有可能通过向第三方贷款，要求其贷款的部分或全部必须用于购买其投资银行所承销的某种证券的问题。其次，产融集团还可能凭借其贷款的力量影响其贷款客户，以提高其融资成本或不再提供新的贷款额度等手段要挟企业购买其提供的金融产品等证券。

②基于自身利益进行产品推销风险

多元化的产融集团为了支持集团内企业的证券价格，集团内部的商业银行有可能不谨慎、不理性地发放关联贷款。在金融市场上，产融集团的投资银行和商业银行的功能存在两难困境。因为投资银行的功能是推销证券而商业银行的功能是向客户提供公正的咨询，当商业银行与投资银行业务具有了较密切的利益关系时，它就不能保证向客户提供公正的咨询，其结果可能是：尽管存在更为有利的投资项目，但商业银行为了自己利益而有可能向客户推销所属证券部门或产融集团投资银行所承销的证券。

③滥用信息优势风险

多元化经营的产融集团有着得天独厚的信息优势，这些信息在集团内部自由转移有可能被集团内部其他部门利用而带来不公平竞争和部门利益冲突。首先，产融集团中的金融机构可能会滥用其信息优势，一方面将其所承销证券的未出售部分或难以顺利出售的证券抛售给集团所管理的内部信托账户；另一方面将最好的“樱桃产品”留置给集团子公司，而将不好的“柠檬产品”推销给非集团客户。其次，产融集团可能将某子公司的客户信息泄露给其他子公司的客户，从而导致客户与客户之间的利益冲突。最重要的是，在产融集团内部的金融机构既能提供贷款又能开展承销业务的情况下，如果集团有内部关联贷款的产业组织由于某种原因不能偿还贷款时，金融机构则可能促使财务困境中的借款人发行证券并由该金融机构将其出售给外部投资者，此时金融机构就会用企业的这笔发行收入来收回贷款。这样，产融集团便将自身内部的贷款危机转嫁给那些购买有问题企业债券的投资者，由此将其破产风险转嫁给了外部投资者。

(5)复杂组织结构引致的透明度风险[41]

产融集团成员公司间极其复杂的组织机构关系，有可能导致透明度下降，从而引致资金运作风险、信息隐藏风险和集团声誉风险。

①结构不透明风险

由于产融集团复杂而不透明的组织结构关系，监管者以及希望评估产融集团系统真实风险的利益主体无法明确被监管对象和目标，不能确定产融集团相关业务和经营活动的成本情况、业务风险情况及内部控制情况，这一方面导致内部控制人利用控制权从事欺诈行为而给集团带来重大损失；另一方面导致内部治理机制和内部控制机制的缺失以及外部监管机制的虚设和空白。

②资金运作风险

由于产融集团内部复杂的财务关系和管理关系，集团内子公司的资本投入可能来源于母公司或其他子公司的举债融资，而借款人又很难发现母公司资金的最终用途，子公司的监管者也很难发现资金来源和资金链困境。此时，资本作为风险缓冲器的作用将因为初始资本的举债融资混乱而丧失，资金运作风险也就成为了产融集团的特殊风险。

③信息隐藏风险

产融集团不透明的组织结构使得集团内部各子公司之间的协调和沟通存在时滞和真空地带，容易发生信息隐藏，从而在危机发生初期无法事先预警并适时进行有效风险控制，最终造成风险在整个集团系统内累积、扩散而集中爆发的后果。1996年光大国际信托投资公司的严重支付风险和2004年德隆集团危机的爆发都属于信息隐藏风险的实证典型案例。

④声誉风险

产融集团复杂组织结构的透明度还体现在产融集团实际的组织结构与对外公布的合法组织结构之间可能会存在差异现象。目前，我国产融集团组织结构普遍采用业务线组织的“集团模式”和客户群的“整合模式”。前者是在产融集团控股公司下设产业集团、金融集团等子公司，分别开展业务，集团控股公司只是单纯进行控股并不介入日常的管理，子公司的管理者在实际管理上担当重要角色。该模式组织结构简单但协同效应小，因此，规模经济、范围经济和成长经济效应相对较小。而客户群的“整合模式”则可以给集团带来较大的协同效应，但同时也可能带来耦合风险。外部市场主体根据集团公开披露信息了解其运行现状，而不了解其内部复杂组织关系，因此，当集团出现突发事件或者不利传言，易引起市场主体的恐慌，造成集团其他业务的信誉风险，从而严重影响其他业务的正常开展。

2. 外部性风险

产融集团内部各成员机构构成了一个紧密型的系统，其内部存在着风险加总和风险传染效应，在现有复杂而不透明的组织结构下，产融集团在两个层次上传染风险：一是产融集团系统内部的风险传染。它起因于集团系统内某一子公司、业务部门或分支机构的风险，通过财务传导机制、信用危机传导机制等途径迅速扩展到整个产融集团系统，使整个集团系统都面临危机状态。二是整个经济系统内的风险传染。它起因于产融集团内部风险引发的金融危机，并由于资金链条的断裂、信用体系的破坏、支付体系的损坏等因素引发的经济危机，使产融集团的危机破坏程度达到最高。从上述分析来看，产融集团的风险具有“风险传染”和“风险外溢”两个重要特征。

(1)产融集团系统风险的传染性：负协同效应

产融集团生成演化的重要原因之一就是通过集团框架结构实现规模经济、

范围经济和成长经济的协同效应。实际上，这种协同效应具有双面性，即合理限度内的关联交易和信息共享可以给集团系统带来价值成长的正协同效应，而过度滥用的关联交易则会产生集团系统风险传染的负协同效应。这种负协同效应在集团系统内不同组织机构之间的传染，既可以通过有形的渠道传播，又可以通过无形的渠道传播。

从集团系统操作角度看，产融集团系统内部风险传染机制主要分为两类：溢出效应机制和纯传染效应机制。产融集团系统内各子公司之间通过股权置换、内部关联交易、交叉担保贷款、资产转移等途径形成一个业务与资金链，当某个机构出现业务和资金困难，就会通过这个业务与资金链影响其他产业组织或金融机构，从而导致其他子公司的业务资金紧张和困难，这就是产融集团内部风险传染的溢出效应。这种溢出效应既包括成员机构之间最为密切的股权联系而产生的直接性风险溢出，又包括成员机构之间的债权关系而产生的间接性风险溢出。前者可以直接从集团财务损益包表中反映出来，后者则只能通过债权机构的收益损失和现金流损失来间接衡量。

产融集团风险传染的溢出效应机制可以用图 5.3 来表示[40]。当成员机构 B，即被投资机构或危机初始机构出现亏损时，在投资联结机制下，成员机构 A，即投资机构的长期股权投资和投资收益锐减，成员机构 A 损益表的净利润额和资产负债表的总资产锐减，成员机构 A，即危机被传染机构出现流动性资金短缺以致资不抵债，此时，成员机构 B 对成员机构 A 传染效应产生（见图 5.3—a）。同理，当成员机构间因关联交易而存在大量债权债务时，其溢出效应则包括债权机构因债务机构倒闭而遭受的收益损失和债权机构因债务机构不能按期偿付债务而遭受的现金流损失两个方面，并最终通过集团组织框架体系将危机传染到整个产融集团系统（见图 5.3－b）

在产融集团系统风险传染中，有些成员机构的危机并没有直接恶化其他成员机构的经济变量，但最终仍诱发了对其他成员机构的危机冲击，这种无法用直接影响其他成员机构的经济变量来解释的传染机制被称为纯传染效应机制。纯传染效应机制主要归因于心理预期、集团声誉引发的羊群效应以及由此带来的相似性传染。产融集团系统的某一成员机构危机，可以通过客户对其他成员机构声誉上心理预期的改变而最终形成羊群效应而实现危机传染。而纯传染效应形成的关键在于客户认为产融集团系统内部有些成员机构之间存在某种相似性。这种相似性主要缘于经营风格的相似、政策的相似、文化背景的相似、集团声誉的相似以及治理结构、管理层甚至股东构成的相似性等。在产融集团

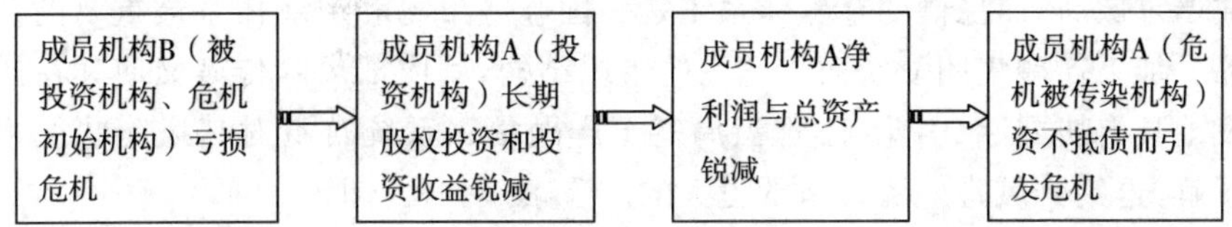

图 5.3(a) 产融集团系统风险你传染的溢出机制Ⅰ:直接性风险溢出

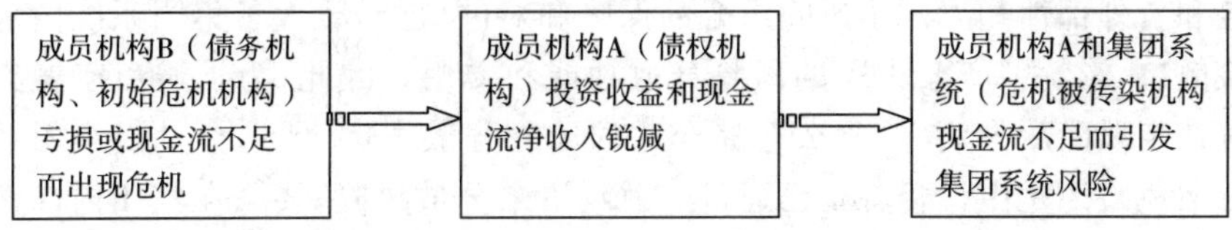

图 5.3(b) 产融集团系统风险你传染的溢出机制Ⅱ:间接性风险溢出

系统及其市场运行中,如果某个机构发生危机,投资者就会联想到具有某种相似性的其他机构的境况而撤离这些机构,或提前套现,或体现取款,形成产融集团系统的心理恐慌,最终形成纯传染效应(见图 5.4)。更为重要的是,产融集团系统内成员机构之间还存在非接触性传染,即使产融集团内两个子公司不存在实质性关联交易,仅仅因为其同属于一个集团,一个成员机构的危机也会导致另一个成员机构的危机。

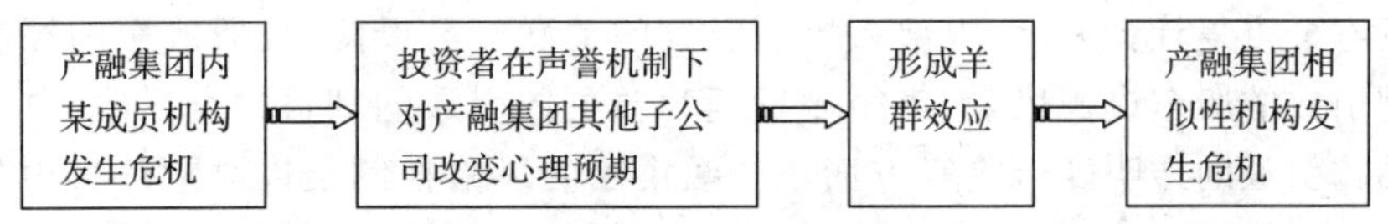

图 5.4 产融集团系统的纯传染机制

(2)产融集团系统的风险外溢:负外部性

产融集团系统风险具有负外部性,即产融集团的风险往往不是由集团本身承担,而是通过各种渠道将风险外溢出集团系统,由集团系统外的市场主体或社会公众承担。

外部性理论认为,任何机构,只要其社会成本或收益与该机构所承担的成本或收益不一致时,外部效应就产生了。公共产品具有很强的外部性,而作为社会公共安全网保护下的金融机构更具有外部性的动机和激励,控制或参股了大量的金融机构的产融集团系统也就具有了较强的负外部性。“太大而不倒”和“根深而难拔”的产融集团风险一旦爆发,就会对全国的金融体系和产业机制造成严重威胁，而稳健的金融体系正是一国金融市场和产业体系最重要的公共产品。加上产融集团复杂而不透明的组织结构，其内部风险传染又使其在风险爆发上具有协同性，因此，监管当局甚至产融集团系统自身对其风险状况也不甚了解，这给其风险外溢带来的更大的风险敞口。

从理论上讲，产融集团系统的多元化经营，可以通过在集团层面的全面风险管理实现风险的内部对冲而分散风险，最终降低集团整体风险。但风险的传染性和负外部性却限制了风险组合的保险和对冲效能，放大了集团系统内部的风险敞口，影响了产融集团的风险分散功能和作用。因此，为了避免产融集团系统产生风险放大效应，要么选择合适的风险分散主体，即选择是由集团系统来分散风险还是由投资者自己通过分散投资来分散风险；要么在集团内部建立起严格的内控制度和规范的治理机制，防止或者至少降低风险在不同成员机构之间的传染。

5.2 产融集团系统风险的加总和度量

产融集团的股权模式和组织结构在实现范围经济、成长经济、风险分散等正协同效应的同时，也带来了特殊而复杂的风险暴露，包括过度财务杠杆引致的资本金重复计算风险、内部人控制引致的关联交易风险、控股股东的控制权滥用引致的股东道德风险、集团多目标利益主体引致的利益冲突风险、复杂组织结构引致的透明度风险等方面。产融集团的风险控制是以风险度量为基础的，只有对风险有一个全面科学的度量，才能有效控制风险。而产融集团与单一金融机构和产业组织的风险处置不同之处在于风险加总（Risk Consolidation)的处理上，即如何由集团系统内各子系统的风险水平综合而得到产融集团系统整体的风险水平。本节我们引入经济资本模型以试图解决产融集团系统整体风险加总和度量的难题，为产融集团系统协同风险控制提供理论基础。

5.2.1 产融集团系统风险加总问题的提出

就现有研究来看，不同的风险类型有不同的度量方法和分析工具，如信用风险采用内部评级法等；市场风险采用 VaR、压力测试等方法；操作风险采用基本指标法、标准法、高级衡量法等（见表 5.4）。而且，即使是同一种风险，其度量方法也千差万别;每种度量方法适用的条件和适用风险的类型也存在很大差距。由此可见,现有的风险度量方法不具有一致性,其方法主要适用于单个金融机构甚至仅仅适用于某一类特定风险的度量。

产融集团系统风险加总和度量的最大挑战就是集团系统整体风险面临不一致性的难题。以产业组织和金融机构相结合为特征的产融集团,既具有市场风险、信用风险、操作风险等一般性风险,又具有资本金重复计算、关联交易、利益冲突以及股东道德风险等特殊性风险,它与单个金融机构风险度量的不同之处有三:一是这种风险加总并不是单一风险的简单加权,加总时必须考虑这些风险的相关性作用;二是产融集团系统的比较优势和正协同效应在风险加总和度量时如何考虑和体现;三是产融集团系统不同性质子公司的风险如何加总问题。因此,如果采用现有传统的风险度量方法,很难实现准确度量产融集团系统整体风险,也很难在产融集团系统整体层面上实现有效的风险控制。基于此,本书引入作为不同风险加总的经济资本概念,尝试构建产融集团系统整体风险加总和度量的经济资本模型,力图较好的解决产融集团系统整体层面风险度量的难题。

表5.4 风险类型及其度量方法[131]

风险类型	风险特征	风险度量/建模方法
市场风险	市场因素(资产价格、利率、汇率等)发生不利变动的风险	VaR,压力测试,情景分析等
信用风险	债务人到期不能偿还债务导致的风险	内部评级法等
操作风险	由不完善或有问题的内部程序、员工和信息系统以及外部事件所造成的风险	基本指标法、标准法、高级衡量法等
寿险	由于无法预料的人寿索赔增加所导致的损失风险	盈余测试等
巨灾风险	巨灾事件导致损失的风险,如地震或飓风	仿真,非常概率曲线(EPC)等
非巨灾风险	汽车事故、火灾等非巨灾索赔意外增加导致的损失风险	频度强度建模,损失三角关系的支出模式分析等

（续表）

风险类型	风险特征	风险度量/建模方法
业务风险	由经济萧条、需求下降、竞争压力等未来营业情况的不确定性导致的损失风险	历史收益波动性分析等
事件风险	欺诈、自然灾害和诉讼等引起的损失风险	极值评估理论等

5.2.2 经济资本模型及其在风险加总中的运用

经济资本（Economic Capital），是指微观金融组织为支持一定容忍水平下的经济风险所必须具有的资本。Iman Van Lelyveld&Arnold Schilder (2002)[132]把经济资本视为包括资产风险、负债风险和操作风险在内的所有风险度量的“共同货币”，不管风险是来自哪个业务或哪个机构，都可以用经济资本来度量。

经济资本概念对产融集团系统整体风险的度量和控制具有重要意义。首先，经济资本吸收了包括风险损失在内的经营亏损，为保证产融集团系统正常运行，避免破产提供了缓冲的资本余地。其次，以监管资本为基础计算的资本充足率是监管当局限制金融机构过度杠杆行为、保障市场稳定运行的重要工具。再次，经济资本也是产融集团系统内部考核的重要依据，其考核的主要指标是风险调整后资本收益率（RAROC），其数值为扣除预期损失后的利润与经济资本的比率。总之，经济资本是产融集团系统尤其是金融机构抵御风险的最终保证，是产融集团资本转移和配置时所考虑的重要因素，并要求集团内部资本配置的基本原则是将经济资本要求与风险度量直接挂钩，符合新巴塞尔协议的最新规范。

经济资本模型是建立在风险资本 CaR 度量模型基础之上的风险集成模型，因此，本书先对风险资本 CaR 度量模型进行理论综述，然后再研究风险加总和集成的经济资本模型。

1. 风险资本 CaR 度量模型[41]

经济资本概念考核的主要指标是风险调整后资本收益率（RAROC），而 RAROC 的核心指标就是风险资本 CaR，由美国信孚银行首创的 RAROC 模型和 CaR 度量体系正好可以满足多种不同风险加总或一体化的基本要求，而且还成为了经济资本模型的基础和前提。

RAROC(Risk－Adjusted Return On Capital)，即风险调整后的资本收益率的计算公式为：

$$\text{RAROC}=\frac{\text{风险调整后的收益}}{\text{风险资本}}=\frac{\text{收入}-\text{成本}-\text{预期损失}}{\text{风险资本}} \tag{5.2-1}$$

公式(5.1-1)中，“风险资本”用 CaR 表示，“收入”包括产融集团系统中金融机构的各种营业收入，“成本”指各种经营管理费用支出；“预期损失”有不同计算方法，但主要有四个方面要素构成，即违约概率、违约损失率、违约风险值和期限；而风险资本 CaR＝市场风险＋非预期信用损失＋操作风险损失。

下面我们分别对市场风险 CaR、信用风险 CaR 和操作风险 CaR 进行计算，并在此基础上对三类风险进行综合计量。

(1)市场风险 CaR 的计算

市场风险资本是对偏离平均水平的损失进行的补偿，在指定了一定容忍度的情况下，风险资本 CaR 等同于在险价值 VaR。在市场风险下，选择某一时点的投资组合价值，计算出由于市场因素的变化而引起的可能变化的敏感度，并乘以可能的变化。用公式表示为：

$$\text{CaR}_x=V_x\times\frac{\text{d}V}{\text{d}P}\times\Delta P_i \tag{5.2-2}$$

公式(5.2-2)中，V_x 表示风险头寸 x 的市场价值，$\text{d}V/\text{d}P$ 为潜在的市场价值的单位货币的价格变动导致 V_x 市场价格变化的敏感度，ΔP_i 是在 i 的时间内市场价格的不利变动。

(2)信用风险 CaR 的计算

信用风险的损失取决于信用风险暴露、违约率和损失补偿率。采用新巴塞尔协议的压力测试法，可以得到最坏情况下的违约率和风险暴露数据；从不同信用等级的历史违约数据中，可以得到违约风险的预期违约率及其均方差。当两个参数已知时，则违约率的最大偏差就可以表示为违约率均方差的一个倍数。由于假定违约率服从正态分布，因此可以将表示对应违约率均方差的容忍水平倍数的违约率的最大偏差来作为违约率最大离差。由此，可得到信用风险 CaR 的计算公式为：

$$信用风险\ CaR_x = (违约率最大偏差 - 平均年违约率) \times 风险暴露 \quad (5.2-3)$$

(3)操作风险 CaR 的计算

操作风险的风险资本需要考虑操作损失的严重程度和操作风险的周期性，操作损失程度及其频率的总体分布可以根据市场风险和信用风险 CaR 模型给出的未来损失的单因素估计得到。由此，可得到操作风险 CaR 的计算公式为：

$$操作风险\ CaR_x = \sum_{i=1}^{N} 风险暴露 \times 资本因子 = \sum_{i=1}^{N} EI_i \times \beta_i \quad (5.2-4)$$

公式(5.2-4)中，可以根据不同的业务种类及其相应的操作风险类型进行分配风险暴露 EI 和资本因子 β。一般而言，操作风险的暴露指标如表 5.5 所示，而资本因子 β 通常假设为 20%—25%。

表 5.5　操作风险的暴露指标

业务类型	暴露指标
公司融资	毛收入
交易和销售	毛收入或 VaR
零售银行	年平均资产
商业银行	年平均资产
制度和清算	年结算流量
资产管理	总管理资金
零售代理	毛收入
代理业务	毛收入

(4)市场风险 CaR、信用风险 CaR 和操作风险 CaR 的综合计算

市场风险 CaR、信用风险 CaR 和操作风险 CaR 三者之间通常会具有相关性，会相互影响并产生重叠，因此，产融集团系统风险资本的综合计算绝不能是三类风险 CaR 的简单相加，而通常通过计算每类风险类型的风险资本平方和来计算。其计算公式为：

$$总风险\ CaR = \sqrt{市场风险\ CaR^2 + 信用风险\ CaR^2 + 操作风险\ CaR^2} \quad (5.2-5)$$

当然，这种加总方式依然没有充分考虑多种不同风险之间的相关性。真要充分考虑多种不同风险之间的相关性而解决风险一致性难题，必须引入基于风险资本模型基础上的经济资本模型。

2. 单笔业务风险的经济资本模型

和风险资本 CaR 一样，经济资本计算的关键也在于计算其非预期损失，因为预期损失已不构成风险，非预期损失才是真正意义上的风险。一般来说，单笔业务单种风险的经济资本因为不需要考虑风险的相关性，其计算较为简单，只需要计算其非预期损失和确定产融集团或金融子公司对该类风险的容忍度。其中，计算非预期损失的方法主要有三种[133]：简单系数法、收入变动法和资产变动法。从世界各国金融控股集团的实践来看，资产变动法采用的最为广泛。资产变动法是以每一个交易或每一笔业务为基础进行计算，可以将每一笔交易的经济资本看作是非预期损失的一个倍数，即：

$$EC_i = M_i \times UL_i \tag{5.2-6}$$

其中，EC 为每种业务的经济资本，M 是经济资本的乘数，UL 是单笔业务的非预期损失，它取决于置信区间的概率要求、金融机构对其信用等级的要求以及该类风险概率的分布状况。

3. 多种风险加总的经济资本模型

在计算多种不同风险加总的经济资本的过程中，我们无法回避作为一个有机整体的产融集团所承受的共同风险和特殊风险暴露，特别是风险在集团系统中的传染机制，其速度必然大于相互独立的产业组织和金融机构。更为重要的是，我们还要考虑这些不同类型风险之间的相关性，因为不同风险具有一定的分散效应，不同属性风险的加总不是单一风险的简单加权。

经济资本模型就是在考虑产融集团内不同风险之间具有一定相关性的基础上进行风险加总，从而便于度量产融集团系统不同层面的风险水平，尤其是产融集团系统整体层面的风险水平。因为经济资本是多种不同风险的共同货币，可以解决产融集团风险加总时传统风险度量方法不一致的缺陷，从而具有次可加性，由此可见，经济资本模型对于产融集团系统风险加总具有必要性和可行性。

下面我们利用简单的高斯方法（Gaussian Approach）来计算多种风险加总的经济资本，其计算方法如下：

假定产融集团系统所有风险是联合分布的，且每种风险类型单独的经济资本水平及相关系数是已知的，则多种风险加总的经济资本为：

$$EC_T = \sqrt{\begin{bmatrix} EC_1 \\ EC_2 \\ \vdots \\ EC_N \end{bmatrix}' \begin{bmatrix} 1 & \rho_{12} & \cdots & \rho_{1N} \\ \rho_{21} & 1 & \cdots & \rho_{2N} \\ \vdots & \vdots & \ddots & \vdots \\ \rho_{N1} & \rho_{N2}\rho & \cdots & 1 \end{bmatrix} \begin{bmatrix} EC_1 \\ EC_2 \\ \vdots \\ EC_N \end{bmatrix}} \tag{5.2-7}$$

式中，EC_T 为考虑相关因素的多种风险加总的总经济资本，EC_i 为第 i 类风险单独的经济资本，ρ_{ij} 表示第 i 类风险与第 j 类风险的相关系数。利用这个公式，我们也可以计算不同属性和类型风险业务的分散化效应 DB（假设风险有 N 种不同组合，其单独的经济资本之和为 1)，具体如下：

$$DB = 1 - \frac{EC_T}{\sum_{i=1}^{N} EC_i} \tag{5.2-8}$$

从公式(5.2-7)可知，产融集团系统总经济资本模型中风险加总大小取决于三个主要影响因素：一是风险头寸的数量 N；二是单一风险经济资本的相对大小 EC_i 构成的矩阵，即风险头寸的集中度或风险头寸在风险组合中的相对权重；三是风险头寸的相关系数 ρ_{ij}。公式(5.2-7)还表明，多元化风险分散化效应与风险头寸的数量成正相关关系，与风险头寸集中度呈负相关关系，与风险头寸之间的相关系数大小呈负相关关系。Andrew Kuritzkes, Til Schuermann, Scott M. Weiner(2002)[131] 利用该模型对金融集团的风险加总进行了计量研究，该研究佐证了上述经济资本模型风险加总的合理性和可操作性。

5.2.3 产融集团系统风险加总存在的问题[134]

虽然上述风险资本 CaR 度量模型和经济资本模型一定程度上解决了产融集团系统的风险加总和度量问题，但上述方法在具体的实践操作上依然存在难以克服的困难，对风险相关性、多元化效应的评估以及协同管理技术平台依然需要进一步深入和在实践中检验。

(1)相关性和多元化效应评估的技术性困难

具体来说，一是产融集团系统风险加总时涉及的风险相关性的统计方法仍存在不足。在实践操作中，能够用来衡量相关关系的数据非常少，且计算结果还受到模型设计时的前提假设的约束和影响；同时在风险加总过程中，不仅要考虑市场变化的情形，还要考虑风险变化的时间因素。因此，国际上不同金融控股集团关于风险相关性的衡量方法也缺乏一致性：有的使用固定的相关关系系数假设方法；有的使用历史数据来计量的方法；有的考虑的多元化效应，使用了相关性假设等[135]。由于统计计量方法本身的缺陷及其数据的不足，其计量和集成结果仍然需要根据专家经验判断和实际情况进行调整。二是风险传染效应的评估相对滞后。现有研究大多集中于多元化效应到底是促进了集团系统风险的降低，还是增加了集团系统风险，而对于产融集团内部由于关联交易、利益冲突及道德风险等所产生的各种直接或间接的风险传染效应几乎未予以考虑。因此，对于产融集团系统风险传染效应机制和评估的研究还需要进一步加强。

(2)产融集团系统风险加总的信息支持困难

产融集团系统的风险加总必须以建立一种产融集团协同管理系统和全面风险管理信息系统作为技术支持平台，以确保管理层能够实现财务、经营和组织的协同管理，并能够识别贯穿于各子系统的风险暴露及其责任，从而为集团自组织控制和监管当局他组织监管获取风险加总信息和风险评估提供完整数据。但从集团系统层面来看，集团现有的信息系统平台尚未实现协同管理，在性能和数据兼容性方面也遇到了障碍，无法满足跨行业、跨部门的系统要求。从金融监管层面来看，分业监管体制下的专业监管者要获得其他部门的信息和数据，不仅存在权限问题，在信息处理上也有一定难度。即使统一监管机制形成，信息系统一体化和技术支持平台建设的滞后也会影响风险集成的度量和监管效率的提高。

(3)风险加总与专业化风险管理和监管的矛盾

产融集团系统的发展环境是分业经营和分业监管的制度文化。源于竞争压力、提高风险回报并从集团系统视角来配置资本、合并风险的产融集团与专业化风险管理和分业监管的组织结构存在着难以调和的矛盾，也增加了风险加总的难度。专业化风险管理和分业监管的组织结构和制度环境，使得监管人员要评估什么样的风险是产融集团系统不能承担的、什么样的风险更易传染和渗透等问题更为困难。在专业化风险管理和分业监管制度环境下，建立起一套比较成熟的、可以涵盖集团系统各成员机构风险特征的风险加总和度量的评价体系依然比较困难，寻求专业化差异与风险一体化趋势之间的适度平衡还需要深入研究。

5.3 产融集团系统风险的协同管理

上述分析表明，产融集团系统风险既包括信用风险、市场风险、流动性风险等一般性风险，又包括内部关联交易、利益冲突和控股股东道德风险等特殊性风险，这些风险既有制度上的原因，也有集团自身运营上的原因。因此，在产融集团系统风险协同管理的问题上，我们应该根据风险的来源不同采用不同的风险管理对策，即将一般外源性风险和集团内部运营风险交由产融集团系统内部风险控制，以实现集团系统自组织适应和跃迁；将产融集团系统特殊性的外溢性和外部性的风险以及关系整个金融市场安全和稳定的风险交由外部监管部门进行监管，以他组织形式给产融集团系统以压力促使其规范运行和有序发展。因为外部监管的他组织性不属于本书研究的自组织范畴，因此，本书主要基于自组织理论，从产融集团系统的内部风险结构、风险管理流程角度研究产融集团系统风险的协同管理和控制。

5.3.1 产融集团风险协同管理的空间结构与风险控制

1. 产融集团系统风险协同管理的空间结构

由上述产融集团系统风险加总的分析可以看出，基于经济资本模型的风险加总内含着产融集团系统风险的三个层次的空间结构，即将产融集团的组织架构分为三个连续的层级结构，在每个层次上进行风险加总和测度，并依此在每一个层次上对其进行相应的风险管理。为了直观的说明产融集团系统风险协同管理的空间结构，我们用图 5.5 来进行描述。

图 5.5 中，数字 1 所在的内层空间表示产融集团单一风险类型的独立业务层面，也就是不同产品同一类型风险的加总集成，如商业银行贷款组合的信用风险、产业组织和金融机构关联交易风险等。在内层空间，风险因子(如交易数量、贷款笔数等)众多，但各风险因子一般不会高度集中，相关性也不很强，因此，该层次风险分散化效应比较显著。

数字 2～5 所在的中层空间表示产融集团系统不同风险种类的各独立成员机构层面，也就是子公司层面不同类型风险的加总集成，如商业银行的信用风险、市场风险和操作风险的加总等。在中层空间，风险因子相对较少，风险头寸集中度相对较高，风险之间相关性也较高，因此，分散化效应没有内层空间那么显著。

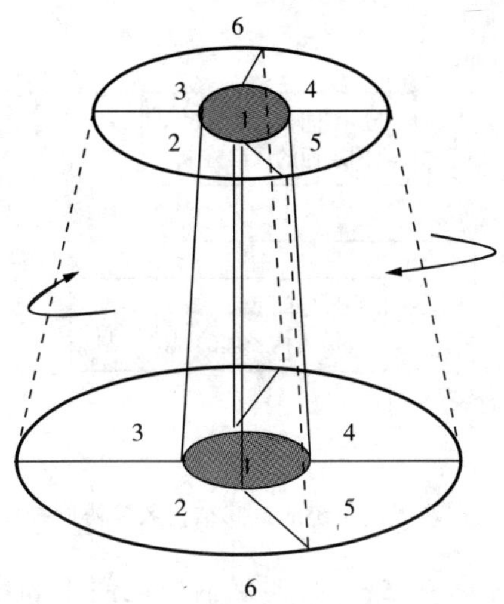

图 5.5　产融集团风险协同管理的空间结构

数字 6 所在的外层空间表示产融集团系统整体风险的母公司层面，也就是产融集团产业、金融等不同成员机构的风险加总，如产融集团系统的总风险。内层空间和中层空间的问题都在一个公共安全网的监管范畴内，外层空间的风险加总问题才是产融集团系统风险评估时的特殊问题。外层空间风险因子更少，风险集中度和相关性更高，分散化效应最小。

2. 基于空间结构的产融集团系统风险协同控制框架

基于经济资本模型的产融集团系统风险加总的理论分析和产融集团风险协同管理的空间结构，产融集团系统内部协同风险控制相应的基本方法应采取空间结构风险协同控制框架，即在连续三个层面上进行相应的风险控制，并力图实现风险控制的协同运行。该控制框架可以用图 5.6 表示。

内层空间Ⅰ的控制用于在业务职能和产品操作上的风险控制，该层面风险加总后的经济资本结果主要为一线业务经理或产品经理层在交易决策时服务，以便于一线业务经理或产品经理的风险控制。就具体管理系统来说，一线业务经理或产品经理层的风险控制直接与人力资源业绩管理系统、资金计划财务管理系统、投资计划项目管理系统以及关键业务管理系统密切相关。

中层空间Ⅱ的控制用于在成员机构及其管理职能上的风险控制，该层面风险加总后的经济资本结果主要为成员机构管理层在经营决策时服务，以便于成员机构管理层在子公司层面上的风险控制。就具体管理系统来说，成员机构管

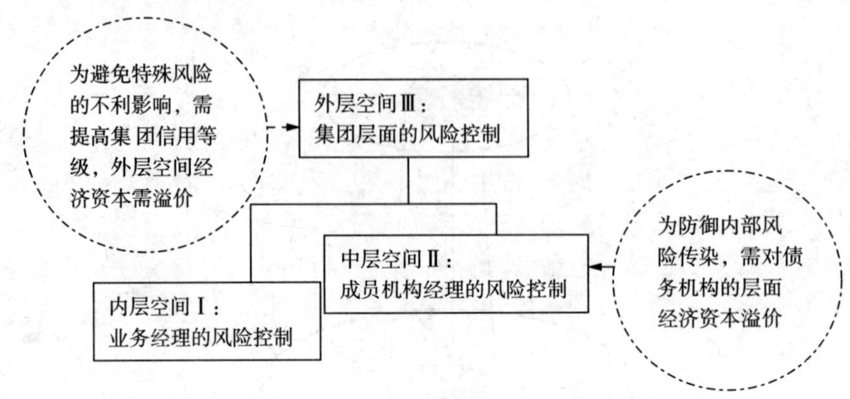

图 5.6　产融集团系统的空间结构风险协同控制框架

理层的风险控制主要考虑有二：一是明确内层空间Ⅰ和中层空间Ⅱ的风险边界，即成员机构的各风险类型与上述人力资源业绩管理系统、资金计划财务管理系统、投资计划项目管理系统以及关键业务管理系统的风险管理责任的认定；二是各成员机构应为防御内部风险传染而对债务成员机构在经济资本上有一个溢价机制，进而提高其信用等级。

外层空间Ⅲ的控制用于产融集团系统整体层面上的风险控制，该层面的风险加总后的经济资本结果主要为产融集团母公司层面的管理层经营决策时服务，以便于集团系统层面上管理系统的风险控制。就具体管理系统来说，集团层面的风险控制主要考虑有二：一是集团层面风险的特殊性，即外层空间Ⅲ的风险度量与控制建立在中层空间Ⅱ的基础之上，而中层空间Ⅱ的风险度量与控制又是建立在内层空间Ⅰ的基础之上。因此，为避免利益冲突和关联交易风险，尤其是声誉风险的外溢，需要提高产融集团系统的信用等级，使外层空间Ⅲ的总经济资本有一个溢价空间。二是考虑到集团层面风险的负协同效应和负外部效应，产融集团在配置资本时，应采用自上而下的配置方式，即中层空间Ⅱ可运用的资本应以外层空间Ⅲ整体可配置的风险资本为基础，而内层空间Ⅰ可运用的资本应以中层空间Ⅱ可配置的风险资本为基础。

综上所述，产融集团系统的层次结构风险协同控制框架，既方便于产融集团系统进行有效的风险协同控制，又方便于在业务职能、成员机构和集团系统上进行高效的资本协同管理，同时，该框架也方便于监管当局对产融集团系统进行严密的协同监管。

5.3.2 产融集团系统风险协同管理的流程与风险控制

1. 产融集团系统风险协同管理的流程与框架

产融集团系统模式下的风险暴露更趋分散化和外溢化，因此，在风险管理方面则更要求系统化和协同化，这集中体现在产融集团系统风险协同管理系统的管理流程方面。从风险系统管理的流程来看，产融集团系统应在其外层空间Ⅲ和中层空间Ⅱ形成风险有效管理协同思维和相互衔接的行为模式和管控制度。基于上述产融集团系统风险形成及其加总的分析，本书认为，产融集团系统风险协同管理的流程主要由三个相互关联的环节构成，具体见图 5.7。

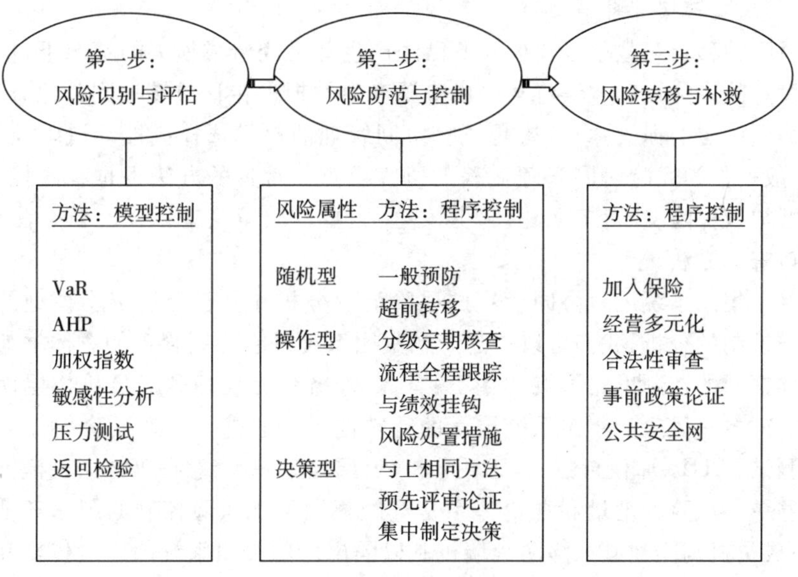

图 5.7 产融集团风险协同管理的管理方法流程

(1)风险识别与评估

风险识别与评估就是导入一套完整动态的产融集团风险识别和评估机制，对风险源的分析、归纳和预测，以便有效地对这些风险因素的影响进行科学的管理。其具体内容包括：集团系统历史数据的储存、风险指标体系的构建和确立、产融关联业务的设计、产融集团系统风险的加总和度量模型，以及市场监控、业务流程跟踪、实时风险分析等。其渠道主要是依据财务报表和依据风险环境来识别和评估；常见的方法或控制模型主要有 VaR 法、综合模糊评价法、敏感性分析法、压力测试法、返回检验法等。

(2)风险防范与控制

风险防范与控制就是根据不同的风险分类分别规划，并设计不同的风险控制方案，并兼顾风险控制的效率和成本。根据风险来源及其运行的特征不同，本书把产融集团系统风险划分为随机型、操作型和决策型三大类别。常见的方法主要是程序控制，对随机型风险的管理侧重于一般性预防和超前转移风险；对操作型风险的管理侧重于制度的完善和监督的强化，如分级定期核查、流程全程跟踪以及与经营绩效挂钩的考核制度等；对决策型风险的管理除了制度化防范以外，还应该采取预先评审论证、集中制定决策等治理措施。

(3)风险转移与补救

风险转移与补救就是在风险源已经产生并已经造成损失的情况下，借助于预先设计的风险控制方法将某些风险源产生的损失转移或转化到其他方面，或者是得到一定的损失弥补，这是风险协同管理的次优选择或被动风险控制，因此，一般不作为风险协同管理流程的研究重点。常见的方法也是程序控制，具体包括加入保险、经营多元化、公共安全网、事前政策论证以及经营合法性、合规性审查等方法。

基于集团系统风险协同管理的风险流程分析和基于经济资本模型的风险加总与控制的分析，我们可以构建产融集团系统风险协同管理的总体框架。这一总体框架的控制思路可概述如下：首先，业务单元层面和成员机构层面的一般性的或单一风险和集团系统层面的特殊性风险形成一系列风险，利用 VaR、压力测试、AHP、加权指数、敏感性分析、返回检验、专家意见等方法或模型构建对这些单一风险的度量和评价体系是产融集团系统风险控制的第一环节。其次，在成员机构间建立风险防火墙机制以隔离产融集团系统的风险传染和风险外溢。这些防火墙机制包括：对金融控股及其结构方面的要求；对关联交易和内幕交易在性质和规模方面的要求；对集团高管人员之间相互兼职的规范性要求；对共享信息、共同营销体系等资源整合的规范性要求；对信息披露的强制性要求等。再次，完善产融集团系统的公司治理机制和内控制度，实现扁平化的矩阵式组织结构和规范的法人治理机制，再造集团系统内部流程，完善集团审计监督、强化技术平台、优化控制环境等，从制度上预防和控制集团系统风险的发生和传导。最后，在综合集团系统业务、交易、风险等历史数据的基础上，对产融集团系统风险进行评估和预警报告，利用经济资本模型实现对集团层面整体风险的集成和度量，并以此为依据构建集团系统的风险控制体系和协同管理体系。最后,形成单一风险、机构风险和集团风险的纵向整合框架和中心一外围式风险管理体系。具体如图5.8所示。

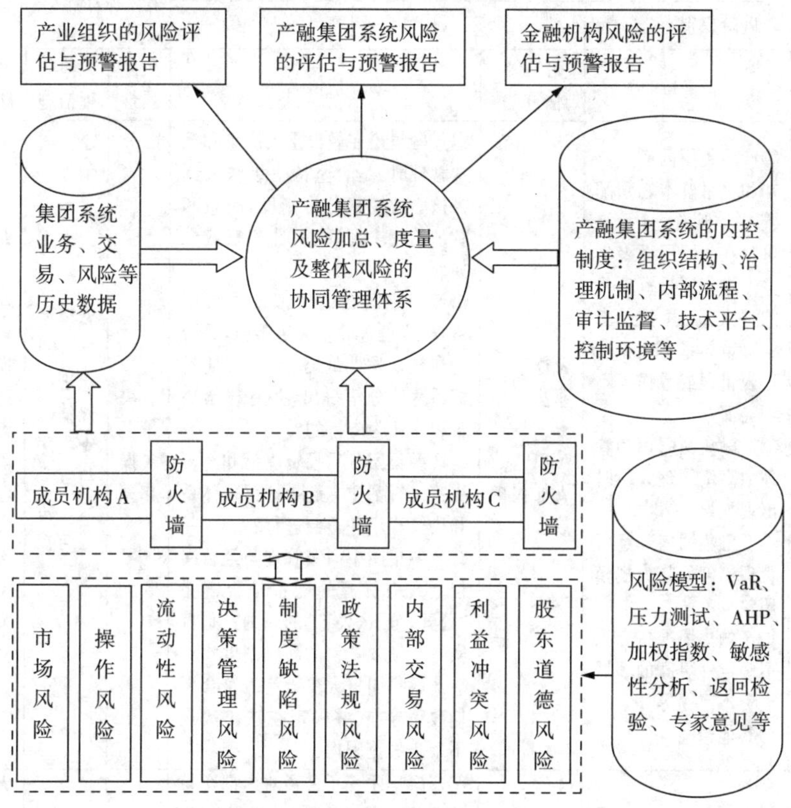

图5.8 产融集团系统风险协同管理总体框架

2. 产融集团系统风险的协同管理与控制

在实际操作过程中,产融集团风险协同管理的管理流程必须与产融集团系统的业务模块及其风险类型相结合,将风险协同管理的管理流程纳入到集团系统各业务模块和各风险类型中去,进而实现产融集团系统风险的协同管理和有效控制。本书根据风险管理流程理论,把产融集团风险协同管理的管理流程与产融集团系统的战略决策风险、内部交易风险、利益冲突风险、流动性风险和政策法规风险结合起来,并联系集团系统的具体业务管理模块,对产融集团系统风险的协同管理进行细化,设计了产融集团系统风险控制的基本框架。具体概括如表5.6所示。

表 5.6　产融集团系统风险的协同管理和控制

第一步:风险识别与评估				第二步:风险防范与控制		
风险识别		风险评估				
风险类型	风险源	可行评估方法	评估依据	风险属性	风险管理措施	风险管理层级
战略决策风险	◎产融集团内产业资本和金融资本之间配置不合理,行业系统风险在集团层面聚集 ◎产融集团投资项目的进入、运营和退出的决策体系不完善而出现错误或亏损等不利局面 ◎产融集团聘用和管理中高级管理人员时出现失误 ◎产融集团内部经营管理制度面临大规模调整 ◎产融集团准备介入不确定性更高的领域或资本市场等 ◎其他情况	★德尔菲法 ★AHP法 ★加权指数法	◎产融集团在做出重大决策和日常管理时,是否坚持一级法人制为核心的授权分责制度,决策和管理的集中度、统一性和权威性如何? ◎产融集团在制定涉及人员配备、机构设置等重大决策时,是否是在规划发展战略、确定长期目标后逐层分解得出,并有科学决策程序作为支持的? ◎产融集团各项投资决策和经营决策是否都建立起指标评价体系和决策程序并遵照进行? ◎产融集团中高级管理与经营岗位上人力资源的配备是否遵循“公开、公平、公正”的原则?是否实行与绩效挂钩的薪酬制度? ◎产融集团重大决策是否符合当期政策导向,并限定在法律法规不禁止的范围内?	★决策型 ★操作型	★模型方法:识别与评估 ★程序与方法:防范与控制	★集团风险管理部 ★集团投资管理部 ★集团风险管理委员会 ★集团投资决策委员会
内部交易风险	◎风险在产融集团系统内的传播或传染 ◎不能准确反映出产融集团内部交易在市场上的真实价格或价值情况,以及由此产生的风险累加 ◎不利于产融集团培育可持续发展的核心竞争力 ◎其他情况	★德尔菲法 ★AHP法 ★加权指数法	◎产融集团各子公司对内部交易情况的上报或披露是否及时和详细? ◎产融集团是否设立专门的职能部门来负责对内部交易的综合管理? ◎产融集团审计部门是否加强了对内部交易的审计及审计报告是否及时上交给集团高层? ◎产融集团是否有相应的措施来防范和化解内部交易风险? ◎产融集团所采取的防范和化解内部交易风险的措施是否达到全面和实时的监控水平?	★决策型 ★操作型	★模型方法:识别与评估 ★程序与方法:防范与控制	★集团风险管理部 ★集团投资管理部 ★集团风险管理委员会 ★集团投资决策委员会

（续表）

第一步：风险识别与评估				第二步：风险防范与控制		
风险识别		风险评估				
风险类型	风险源	可行评估方法	评估依据	风险属性	风险管理措施	风险管理层级
利益冲突风险	◎产融集团内部自己经营的业务与其为客户服务的业务之间出现冲突时，牺牲客户利益，从而影响集团的市场声誉并招致监管当局的惩罚 ◎产融集团内部在为两个或两个以上客户服务时，优待与自己关联的客户而牺牲另一家利益，从而影响集团的市场声誉并招致监管当局的惩罚 ◎产融集团内各子公司或各部门之间产生利益冲突，造成内部恶性竞争，内部管理失控 ◎其他情况	★德尔菲法 ★AHP 法 ★加权指数法	◎是否建立了及时和有效的对外信息披露制度，以防止产融集团或其子公司的内幕信息被另一个子公司滥用？ ◎是否设立了“防火墙”制度，对各子公司各自经营的业务范畴以及其相互关联的业务范畴作出明确的界定？ ◎产融集团是否设立了专门的职能部门来协调各子公司和各部门之间的利益冲突问题？ ◎是否向监管当局适时提供准确而细致的交易记录，并以此作为当受到相应指控时的抗辩理由？	★决策型 ★操作型	★模型方法：识别与评估 ★程序与方法：防范与控制	★集团风险管理部 ★集团投资管理部 ★集团风险管理委员会 ★集团投资决策委员会
流动性风险	◎产融集团的资本充足率水平不能达到要求，抵抗各种风险的能力下降 ◎产融集团的资产负债率过高或流动比率过低，从而难以抵抗各种已知或非预期的投资支出 ◎产融集团短期负债率与长期资产匹配的期限结构错位，导致产融集团清偿能力下降 ◎其他情况	★公式计算 ★德尔菲法 ★AHP 法 ★加权指数法	◎在产融集团内是否进行定期的流动性评估管理及流动性需要？ ◎产融集团资本充足率是否划归专门的职能部门进行日常管理？ ◎产融集团资本充足率如果按照《巴塞尔协议Ⅱ》的方法进行计算，是否达标？ ◎产融集团整体的资产负债率是否达标？ ◎产融集团的长期资产占比、流动比率、现金偿债比率等各项指标是否都已达标？	★决策型 ★操作型	★模型方法：识别与评估 ★程序与方法：防范与控制	★集团风险管理部 ★集团投资管理部 ★集团风险管理委员会 ★集团投资决策委员会

（续表）

第一步：风险识别与评估				第二步：风险防范与控制		
风险识别		风险评估				
风险类型	风险源	可行评估方法	评估依据	风险属性	风险管理措施	风险管理层级
政策法规风险	◎产业资本与金融资本的股权结合超过了法律法规规定的控股比例或其他规范 ◎集团内部文件和规章制度的内容、形式及其制定过程不符合法律规范 ◎国家在产融集团发展方面的法规与政策滞后，使产融集团的战略发展缺乏相应的法律和政策支持 ◎对法律法规与政策的钻空、违背或对政策理解的歧义 ◎对多个法律法规与政策难以同时熟悉掌握，造成忽略 ◎对政策发展动态和政策的波动性或不连续性预测不准 ◎其他情况	★德尔菲法 ★AHP 法 ★加权指数法	◎产融集团各子公司和各部门的主要法律文件是否经过法律部门的公证程序？ ◎产融集团各子公司、各部门及各岗位是否有完善的、与法律法规和政策相适应的规章制度？ ◎产融集团对各层次的岗位是否设立了符合法律规范的授权书？ ◎产融集团所有的外部和内部法律文书是否有完善的保管制度？ ◎产融集团各子公司开展各项业务时所涉及的法律文本和政策是否进行了整合并纳入一个法律框架之下？	★决策型 ★操作型	★模型方法：识别与评估 ★程序与方法：防范与控制	★集团风险管理部 ★集团投资管理部 ★集团风险管理委员会 ★集团投资决策委员会

5.4 本章小结

产融集团系统内部各要素系统良性的耦合运行会带来正的协同效应，而不良的冲突运行则可能产生负的协同效应。而协同成本或负协同效应会进一步演化成协同性风险或者以协同性风险的形式体现出来。本章在对产融集团系统发展中的一般风险和特殊风险进行理论分析的基础上，研究了产融集团系统风险的加总和度量,并从自组织角度探讨产融集团系统风险协同管理的空间结构、管理流程及其风险控制框架体系。

产融集团的经营领域横跨产业和金融业,面临的风险较为复杂。产融集团系统既具有产业和金融业发展中遇到的诸如市场风险、信用风险、政策性风险、经营决策风险等一般性风险;又具有产融结合后产生的,包括过度财务杠杆引致的资本金重复计算风险、内部人控制引致的关联交易风险、控股股东控制权滥用引致的道德风险、集团多目标利益主体引致的利益冲突风险、复杂组织结构引致的透明度风险以及集团系统风险传染性和外溢性在内的特殊性风险。这些风险限制了风险组合的保险和对冲效能,放大了集团系统内部的风险敞口,影响了产融集团的风险分散功能和作用,导致了负协同效应和负外部效应的产生。

产融集团的风险控制是以风险度量为基础的,只有对风险有一个全面科学的度量,才能有效控制风险。而产融集团与单一金融机构和产业组织的风险处置不同之处在于风险加总的处理上,即如何由集团系统内各子系统的风险水平综合而得到产融集团系统整体的风险水平。本章引入风险资本 CaR 度量模型和经济资本 *EC* 模型研究产融集团系统风险的加总、集成和度量。当然,基于经济资本模型的风险加总还存在一定的困难和问题,即:相关性和多元化效应评估的技术性困难、产融集团系统风险加总的信息支持困难、风险加总与专业化风险管理和监管的矛盾。

最后,本章基于自组织理论,从产融集团系统的内部风险结构、风险管理流程角度研究产融集团系统风险的协同管理和控制。一是基于经济资本模型的产融集团系统风险加总的理论分析和产融集团风险协同管理的空间结构,产融集团系统内部协同风险控制相应的基本方法应采取空间结构风险协同控制框架,即在连续三个层面上进行相应的风险控制,并力图实现风险控制的协同运行。二是基于产融集团系统风险协同管理的管理流程,构建了产融集团系统风险协同管理的总体框架和具体风险控制规范体系。

第6章 结论与展望

6.1 结论

本书利用协同学的思想、理论和方法,通过归纳总结、模型构建和实证研究等方法对产融集团系统发展的协同问题进行了研究。概括起来,本书的基本内容共分四部分:第一部分是关于产融集团系统的理论界定及其协同特性研究。主要分析了产融集团系统的概念界定、系统要素及其相关关系,产融集团系统的协同特性,产融集团系统协同发展的内容和机制。第二部分是关于产融集团系统发展的协同机理研究,包括产融集团系统生成的动力机制、产融集团系统生成的过程机制和产融集团系统协同发展能力的演化机制。其中,我们又从三个角度来研究产融集团系统生成的过程机制,即产融集团系统生成的自组织演化过程、产融集团系统生成的演化博弈过程和基于Brusselator模型的产融集团系统生成演化过程。第三部分是关于产融集团系统发展的协同效应研究。主要研究了产融集团系统的协同效应的来源和实现机制,产融集团系统协同效应的类型和识别体系,以及基于识别体系上的产融集团系统协同效应的模糊综合评价模型。第四部分是关于产融集团系统发展的协同风险问题研究,主要探讨了产融集团系统发展的一般性风险和特殊性风险以及产融集团系统风险的加总和度量问题,并尝试着从集团系统风险的空间结构和管理流程两个角度构建产融集团系统风险的协同管理框架体系等。

研究的内容和结论主要可以归纳为以下几个方面:

(1)产融集团是产业组织和金融组织之间资本和管理相互渗透、相互融合而生成的新型企业集团。从产业组织学角度看,产融集团是"完全的实业企业"和"完全的金融企业"之间的一种中间组织形式;从演化经济学角度看,产融集团系统是产业资本和金融资本相结合的债权模式向股权模式自组织协同演化的均衡结果;从系统科学的角度看,产融集团系统是由产业资本子系统、金融资本子系统、人力资本子系统和无形资产子系统组成的一个多层次、多要素的复杂系统。产融集团系统的各子系统要素及其相关系,证明了利用协同学研究产融集团系统发展的必要性。产融集团系统具有协同学特性,即耗散结构性、自组织演化性、序参量特性、整体协同性和组织化协同管理性。产融集团系统协同内容包括结构性协同、功能性协同、空间性协同和时间性协同,而这些协同的实现来自于产融集团系统的四大协同机制:动力机制、耦合机制、组织机制和催化机制,由此证明了协同学在研究产融集团系统发展方面的可行性。

(2)产融集团系统发展的协同机理就是产融集团系统从无组织到有组织,从组织无序到组织有序的整个过程。产融集团系统的协同发展能力即是产融集团系统的序参量,它处于集团系统的核心地位,决定着集团系统的有序化水平和演化过程。产融集团系统的自组织运动受到内部子系统的协同能力和摩擦阻力的共同作用,并在产业资本与金融资本的多个序参量复合产生新的序参量的竞争与合作的过程中,推动产融集团系统从无组织到有组织。由此可见,序参量的竞争和协同就是产融集团系统生成的动力机制。

(3)产融集团系统有序化过程,既是集团系统内部各子系统自组织演化的动态均衡过程,又是产业企业家和金融企业家行为支付的演化博弈过程,还是产融结合的债权模式向股权模式自组织演化的耗散结构过程。由此可见,产融集团系统生成的过程机制包括三个内容,即产融集团系统生成的自组织演化过程、产融集团系统生成的演化博弈过程和基于 Brusselator 模型的产融集团系统的生成演化过程。基于上述三个模型的分析表明,产融集团系统的生成演化是一个自组织演化过程,产融集团系统的演化方向不仅与企业家的风险感受及其学习行为能力有关,还与双方博弈的支付矩阵相关,并受到产融系统初始制度及环境状态的影响;而且产业资本和金融资本动态演化的定态解既取决于两者之间问题的强烈程度、紧迫程度、重要程度,又取决于两者之间问题的性质;产业资本和金融资本动态演化的均衡模式对应于产融结合两种模式的稳定程度、协同程度和有序程度,但产融系统在跨越无数分岔和混沌的产融结合的网络谱系后,必然收敛于新稳态的产融结合的股权模式。

(4)产融集团系统协同发展能力是由集团的产业资本、金融资本、人力资本和无形资产等结构性子系统构成的四维结构能力,其形成和演化是集团系统内部各子系统相互依存、相互作用、相互影响和相互协同的结果。通过产融集团系统协同发展能力的自组织运动方程及其非平衡相变、对称性破缺和分岔现象的描述研究产融集团系统协同发展能力的演化过程。分析结果表明，产融集团系统子系统协同发展现状、四维结构整合匹配能力以及外部环境的随机涨落因素，从总体上决定了产融集团系统协同发展能力跃迁的方向、速度和水平。因此，要提升产融集团系统协同发展能力，必须通过产业资本、金融资本、人力资本和无形资产等结构性子系统的动态整合和协同运作，驱使产融集团系统协同发展能力的自组织形成、演化和运行，最终促进产融集团系统的价值提升和可持续发展。

(5)协同效应是产融集团系统生成的动力机制，也是产融集团系统自组织演化和发展的现实基础。产融集团系统协同效应包括五种类型，即：由产业资本和金融资本战略结合的认知意愿程度、对未来合作产生的超额收益的依赖程度或重视程度耦合而成的战略协同效应；由产融集团中同质要素的聚合而产生的协同效应、异质要素的配合而产生的协同效应、人力资本学习创新整合效应共同耦合而成的管理协同效应；由产融集团的规模经济效应、范围经济效应、交易费用效应、学习曲线效用等耦合而成的经营协同效应；由财务整合效应、节税利益效应、降低内外融资成本、财务杠杆及预期效应等耦合而成的财务协同效应；由组织整合知识能力、部门协调能力、环境适应能力和公司治理能力等耦合而成的组织协同能力。这些协同效应共同构成了产融集团的协同价值。产融集团系统的协同效应来源于产业资本、金融资本、人力资本及等资源的整合过程，这一整合过程的资源协同机制主要有：资源替代机制、资源互补机制、资源共享机制、冲突清除机制和学习创新机制。产融集团系统协同效应的实现机制体现在产融集团内静态协同效应和动态协同效应两个层次，第二层次即系统整体的动态协同效应才是产融集团生成和存在的必要性，也是集团系统协同价值创造的重要标准。

(6)我们利用层次分析法(AHP)构建了产融集团系统协同效应的识别体系，并在识别体系的基础上，构建了产融集团系统协同效应的模糊综合评价(F－AHP)模型，实证检验了产融集团系统协同效应指数。

(7)产融集团系统内部各要素系统良性的耦合运行会带来正的协同效应，而不良的冲突运行则可能产生负的协同效应或协同风险。产融集团的经营领域横跨产业和金融业，面临的风险较为复杂。产融集团系统既具有产业和金融业发展中遇到的诸如市场风险、信用风险、政策性风险、经营决策风险等一般性风险；又具有产融结合后产生的，包括过度财务杠杆引致的资本金重复计算风险、内部人控制引致的关联交易风险、控股股东控制权滥用引致的道德风险、集团多目标利益主体引致的利益冲突风险、复杂组织结构引致的透明度风险以及集团系统风险传染性和外溢性在内的特殊性风险。这些风险限制了风险组合的保险和对冲效能，放大了集团系统内部的风险敞口，影响了产融集团的风险分散功能和作用，导致了负协同效应和负外部效应的产生。

(8)产融集团的风险控制是以风险度量为基础的，只有对风险有一个全面科学的度量，才能有效控制风险。而产融集团与单一金融机构和产业组织的风险处置不同之处在于风险加总的处理上，即如何由集团系统内各子系统的风险水平综合而得到产融集团系统整体的风险水平。我们引入风险资本 CaR 度量模型和经济资本 EC 模型研究产融集团系统风险的加总、集成和度量。当然，基于经济资本模型的风险加总还存在一定的困难和问题，即：相关性和多元化效应评估的技术性困难、产融集团系统风险加总的信息支持困难、风险加总与专业化风险管理和监管的矛盾。

(9)基于自组织理论，我们从产融集团系统的内部风险结构、风险管理流程角度研究产融集团系统风险的协同管理和控制。一是基于经济资本模型的产融集团系统风险加总的理论分析和产融集团风险协同管理的空间结构，产融集团系统内部协同风险控制相应的基本方法应采取空间结构风险协同控制框架，即在连续三个层面上进行相应的风险控制，并力图实现风险控制的协同运行。二是基于产融集团系统风险协同管理的管理流程，构建了产融集团系统风险协同管理的总体框架和具体风险控制规范体系。

6.2 展望

产融集团系统的协同发展问题是一个复杂的系统性课题，在产业创新和金融创新日新月异背景下，产融集团系统发展一直处于动态变化之中。从协同学这个全新的角度来研究产融集团系统发展这样一个宏大的课题，常常感觉难以驾驭和力不从心。一是因为产融集团系统发展涉及的内涵深邃、内容宽泛、问题复杂；二是因为协同学理论在社会系统运行尤其是经济管理方面的应用尚未形成统一的理论体系，使用的理论工具和研究方法也各不相同，这也为本书的研究带来了一定的困难。因此，尽管本书做了大量工作，但仍离自己的理想状态还有相当的距离，仍存在许多有待于在今后的研究中需要进一步深化、改进和完善的地方。具体包括：

第一，协同学在产融集团系统协同发展应用中的量化研究问题。我们的研究只是提出了产融集团系统的协同学特性及其序参量，但由于社会系统不可能像数学那样微分而把时间段划分的无穷小和那么精确，因此，关于产融集团系统协同特性和协同机理的研究还仅仅处于定性分析方面的描述，缺乏足够的定量研究。本书的后续研究就是在现有定性分析的基础上，对产融集团的序参量及其生成演化过程以及协同发展能力的自组织过程进行定量研究和模拟分析，力图使该研究更具实践意义和可操作性。

第二，产融集团系统协同发展绩效的实证研究问题。我们仅仅研究了产融集团系统的协同效应及其识别和评价，而没有涉及协同发展绩效的评价问题，一是因为这与本书协同理论范畴相差很远，二是因为产融集团系统协同发展数据的可得性较差。今后，对产融集团系统发展绩效的实证要搜集大量有关数据，有效性研究研究仍需要进一步加强和深入。

第三，产融集团系统风险加总和度量方法及其实证研究问题。当前，风险集成和加总的研究尚处于起步阶段，本书只是规范性的引入了经济资本模型，还需要对该模型中的时间不一致性问题、产融集团系统不同风险的相关性等问题进行系统性研究，并需要通过实证研究来检验其可行性和有效性。

总之，产融集团系统发展的协同问题研究任重而道远，若要将产融集团系统的协同发展问题研究透彻，还需要继续努力而不断探索。

参考文献

[1] 郑耀东．关于金融控股企业集团的调查与思考[M]//国办秘书二局业务交流情况反映．北京,2006(78).

[2] 中国人民银行金融控股处．我国金融控股企业集团的规范和发展研究[R].2005(10):11.

[3] 类金融控股企业集团监管课题组．类金融控股企业集团的监管与风险处置:德隆事件引发的思考[M].天津:南开大学出版社,2008:65－70.

[4] 郎咸平．误区:中国企业战略思维误区分析[M].北京:东方出版社,2006:145－161.

[5] 张庆亮．产融型企业集团:国外的实践与中国的发展[M].北京:中国金融出版社,2005.

[6] 赵旭梅．日本企业集团的金融制度[M].北京:对外经济贸易大学出版社,2006.

[7] 鲁道夫·希法亭．金融资本[M].北京:商务印书馆,2007.

[8] 吴大琨．金融资本论[M].北京:人民出版社,1993.

[9] Mentz, Beth & Michael Schwartz. The power structure of American business[M]. Chicago: University of Chicago Press, 1985.

[10] Stiglitz, Joseph E. Economic organization, information and development [J], Handbook of Development economics. 1988(1):93－160.

[11] Boot, Arnould. Relationship Banking: what do we know[J]. Journal of Financial intermediation, 2000,9(1):7－25.

[12] Goto, Akira. Business Group in a market Economy[J]. European Economic Review, 1982,19(1):53－70.

[13] Gerschenkron Alexander. Economic Backwardness in Historical Perspective: a book of essays [M]. Cambridage: Harvard University Press, 1962.

[14] Guinnane, TimothyW. Delegated Monitors. Large and Small: Germany's Banking System, 1800－1914[J]. JournalofEconomicLiterature, 2002,40(1):73－142.

[15] 朱武祥．金融系统资源配功能的有效性与企业多元化——兼论企业集团多元化策略[J]. 管理世界,2001(4).

[16] 杨小凯,黄有光．专业化与经济组织:一种新兴古典微观经济学框架[M]. 北京:经济科学出版社,1999.

[17] 北京奥尔多投资研究中心．金融系统演变考[M]. 北京:中国财政经济出版社,2002.

[18] Menkhoff&Tolksdorf. Financial Market Drift: Decoupling of the Financial Sector From the Real Economiy? [M]. 北京:中国人民大学出版社,2005.

[19] Kevin J Stiroh. How did Bank Holding Companies Prosper in the 1990s? [J] Journal of Banking&Finance24(2000),1703－1745.

[20] Hughes&Lang&Mester&Moon&Pagano. Do Bankers Sacrifice Value to Build Empires? Managerial incentives, Industry consolidation and Financial Performance [J]. Journal of Banking&Finance27(2003),417－447.

[21] Kulkar&Sabarwal. Relative Value relevence of Historical Cost vs. Fair Value: Evidence From Bank Holding Companies [J]. Journal of Accounting and Public Policy22(2003),19－42.

[22] Li Stan Xiao, Greenwood R. The Effect of Within－industry Diversification on Firm Performance: Synergy Creation, Multi－market Contact and Market Structuration [J]. Strategic Management Journal, 2004, 25(12).

[23] 谢杭生．产融结合研究[M]. 北京:中国金融出版社,2000.

[24] 黄明．现代产融结合新论[M]. 北京:中国经济出版社,2000.

[25] 郑文平,荀文均．中国产融结合机制研究[J]. 经济研究．2002(3):47－51.

[26] 许天信,沈小波．产融结合的原因、方式及效应[J]. 厦门大学学报,2003(5):107－112.

[27] 王辰华．我国产融结合的经济效应分析[J]. 金融理论与实践,2004(8):6－8.

[28] 徐丹丹．国有商业银行产融结合问题研究[M]. 北京:经济科学出版

社,2006.

[29] 傅艳．产融结合新路通向何方——中国产业和金融结合的有效性研究[M]. 北京:人民出版社,2003.

[30] 赵文广．企业集团产融结合:理论与实践[M]. 北京:经济管理出版社,2004.

[31] 张庆亮,杨莲娜．产融型企业集团:国外的实践与中国的发展[M]. 北京:中国金融出版社,2005.

[32] 张庆亮,孙景同．我国产融结合有效性的企业绩效分析[J]. 中国工业经济,2007(7).

[33] 李格森．我国产融结合的绩效检验——来自证券市场的证据[J]. 开放导报,2004(2).

[34] 常勇．中国上市公司产融结合实证研究[D]. 成都:成都理工大学硕士论文,2007.

[35] 孔凡宝．我国产业资本渗透金融资本的理论分析[J]. 商业经济与管理,2005(7):54－58.

[36] 陈燕玲．产融结合的风险及其防范对策研究[J]. 生产力研究,2005(5):130－133.

[37] 凌峻．中国企业产融结合的战略和风险管理[D]. 上海:上海交通大学硕士论文,2005.

[38] 孙烽．国有金融控股集团风险管理系统规划[M]. 北京:中国金融出版社,2005.

[39] 康华平．金融控股公司风险控制研究[M]. 北京:中国金融出版社,2006.

[40] 阮永平．金融控股集团的风险管理[M]. 上海:上海财经大学出版社,2007.

[41] 杨新臣．国际视野下的中国金融集团风险管理研究[M]. 北京:经济科学出版社,2008.

[42] 郎咸平．韦尔奇:泡沫里的神话[J]. CO. 公司．2004 年第 6 期．

[43] 赵文广．争鸣:就 GE 产融结合与郎咸平教授商榷[EB/OL]. http://www.chinahrd.net/zhi_sk/jt_page.asp? articleid=27280,2004 年 6 月 25 日．

[44] Haken H., Information and Self－organization: a Macroscopic Approach to Complex System [J],Springer－Verlag,1988/11.

[45] 赫尔曼·哈肯. 协同学[M]. 戴鸣钟译. 上海:上海科学普及出版社,1988.

[46] 赫尔曼·哈肯. 高等协同学[M]. 郭志安译. 北京:科学出版社,1989.

[47] 赫尔曼·哈肯. 协同学—大自然构成的奥秘[M]. 凌复华译. 上海:上海译文出版社,2001.

[48] 吴大进. 协同学原理及其应用[M]. 武汉:华中理工大学出版社,1990.

[49] 曾健,张一方. 社会协同学[M]. 北京:科学出版社,2000.

[50] 潘开灵,白烈湖. 管理协同理论及其应用[M]. 北京:经济管理出版社,2006.

[51] 王传民. 县域经济产业协同发展模式研究[M]. 北京:中国经济出版社,2006.

[52] 王谦. 中国企业跨国并购协同问题研究[M]. 北京:经济科学出版社,2006.

[53] 邹辉霞. 供应链协同管理理论与方法[M]. 北京:北京大学出版社,2007.

[54] 陈航. 渤海湾港口群的协同发展研究[J]. 海洋开发与管理,2005(2).

[55] 王自强. 管理协同的核心要素[J]. 经济理论与经济管理,2005(3).

[56] 陈莉平. 基于协同效应提升企业竞争力[J]. 技术经济,2005(3).

[57] 周建松. 民营经济与地方商业银行协同发展[J]. 金融研究,2005(5).

[58] 靳景玉,刘朝明. 基于协同理论的城市联盟动力机制[J]. 系统工程,2006(10).

[59] 孙学森. 协同学理论在金属矿业系统协同发展中的应用研究[D]. 长沙:中南大学硕士学位论文,2006.

[60] 许旭东. 协同理论在宝钢非钢业务重组中的应用研究[D]. 上海:复旦大学硕士学位论文,2006.

[61] 周琳. 企业并购中的资源协同机理研究[D]. 北京:北京交通大学博士学位论文,2006.

[62] 赫尔曼·哈肯. 协同学导论[M]. 张纪岳等译. 西北大学出版

社,1981.

[63] 赫尔曼·哈肯．协同学和信息：当前情况和未来展望，熵、信息与交叉科学——迈向21世纪的探索和运用[C]. 昆明：云南大学出版社,1994.

[64] 杨博文主编．社会系统工程概论[M]. 北京：石油工业出版社,2008：60—73.

[65] 许国志．系统科学[M]. 上海：上海科技教育出版社,2000.

[66] 李培勤．供应链中企业与供应商协同管理的模型分析[C]. 载宣俊主编．商学前沿探索(第一辑)[M]. 上海人民出版社,2004：75—97.

[67] 彭罗斯．企业成长理论[M]. 上海：上海三联出版社，上海人民出版社,2007.

[68] Itami, Hiroyuki with Roehl, Thomas, H., Mobilizing Invisible Assets, Harvard University Press,Cambridge,Mass. ,1987.

[69] 魏遥，雷良海．产融集团生成的耗散结构分析[J]. 特区经济,2009(2)：270—272.

[70] 湛垦华，沈小峰等．普利高津与耗散结构理论[M]. 西安：陕西科学技术出版社,1998.

[71] 张晓慧，张在旭，付峰．我国油气资源——社会经济系统协调发展研究[J]. 未来与发展,2009(2)：14—17.

[72] 汤博，杜明．德隆危机——谁更应该反思[M]. 北京：中国社会出版社,2004.

[73] 周振华．信息化与产业融合[M]. 上海：上海三联书店，上海人民出版社,2003.

[74] 靳景玉．城市联盟的合作动力机制研究[D]. 成都：西南交通大学博士学位,2006.

[75] 贺建勋．系统建模与数学模型[M]. 福州：福建科学技术出版社,1995：256—280.

[76] 赵昌平．跨国公司战略联盟的形成机制与管理研究[M]. 北京：经济管理出版社,2005：109—116.

[77] 盛昭翰，蒋德鹏．演化经济学[M]. 上海：上海三联书店,2002：314—326.

[78] 唐寿宁，王晋斌．投资者选择与金融系统演变[C]，载北京奥尔多投资研究中心．金融系统演变考[M]. 北京：中国财政经济出版社,2002：1—23.

[79] 陈平．文明分岔、经济混沌和演化经济动力学[M]．北京：北京大学出版社，2004：179－188.

[80] Bartholomew, D. J. Stochastic Models for Social Process[M], 3rd edition, Wiley, New York, 1982.

[81] Murray, J. D. Mathematical Biology [J], Springer－Verlag, Berlin, 1989.

[82] Weibull, J. W. Evolutionary Game Theory [M], Boston: MIT Press, 1998: 32－48.

[83] 韩国文．演化经济学视野下的金融创新[M]．武汉：武汉大学出版社，2006：186－205.

[84] Friedman D,. Evolutionary Game in economics[J], Econometrica, 1991, 59: 637－666.

[85] Helbing D, Derivation and empirical validation of refined traffic flow mode [J]. Physica A Volume: 1996, 11(2): 253－282.

[86] 张志峰等．基于耗散结构的企业系统熵变模型[J]．工业工程与管理，2007(1)：15－19.

[87] Hyeon－Hyo A. Speculation in the Financial System as a Dissipative Structure [J]. Seoul Journal of Economics, Fall 2001, 10(3): 172－183.

[88] Maclntosh R, Maclean D. Conditioned emergence: A dissipative structure approach to transformation[J], Strategic Management Journal. 1999, 15(4): 297－312.

[89] Schneider F W. Periodic perturbations of chemical oscillators: experiments [J], Ann Rev Phys Chem, 1985, 36: 347－378.

[90] 颜泽贤等．系统科学导论——复杂性探索[M]．北京：人民出版社，2006：338－348.

[91] Niclis G, Prigogine I. Self－Organization in Non－Equilibrium System. New York: Wiley, 1968.

[92] Tyson J. The Belousov－Zhabotinskii reaction [M]. Heidelberg: Springer－Verlag: Lecture Notes in Biomathematics 10, 1976.

[93] 李朝霞．企业进化机制研究[M]．北京：北京图书馆出版社，2001：106－110.

[94] Teece, D. J., Pisano, G. and Shuen, A., Dynamic capabilities and

strategic management [J],Strategic Management Journal,1997,18(7).

[95] R. S. Kaplan and D. P. Norton, Alignment: Using the Balanced Scorecard to Create Corporate Synergies[M]. 北京:商务印书馆,2006.

[96] 郑胜华,芮明杰,池仁勇. 联盟能力的基本框架及其提升联盟绩效的机理研究[J]. 科学学与科学技术管理,2007(6):122—128.

[97] 唐健雄,王国顺. 企业战略转型能力的自组织研究[J]. 科学学与科学技术管理,2008(09):171—175.

[98] 马克·L. 赛罗沃. 协同效应的陷阱:公司并购中如何避免功亏一篑[M]. 上海:上海远东出版社,2001:34.

[99] 迈克尔·波特. 竞争优势[M]. 北京:华夏出版社,1997.

[100] 刘刚. 企业的异质性假设:对企业本质和行为的演化经济学解释[M]. 北京:中国人民大学出版社,2005:57—73.

[101] 王廷科,冯嗣全. 银行异质性假设、要素市场不完全鱼长期竞争优势[J]. 财贸经济,2009(1):47—52.

[102] Rumelt, R. P. Towards a Strategic Theory of the Firm, in R. B. Lamb(ed.) Competitive Strategic management, Englewood Cliffs, NJ: Prentice—Hall,1984.

[103] Barney, J. B. Firm Resources and Sustained Competitive Advantage[J]. Journal of Management,1991— 17(1):99—120.

[104] Prahalad , C. K. and Hamel. G. The Core Competence of the Corporation[J]. Harvard Business Review, 1990(66):79—91.

[105] 纳尔森,温特. 经济变迁的演化理论[M]. 北京:商务印书馆,1997.

[106] Penrose, E. T. The Theory of the Growth of the Firm [M]. Oxford University Press,1959.

[107] 罗群辉,宁宣熙. 企业并购整合中的协同效应研究[J]. 世界经济与政治论坛,2008(5):92—97.

[108] 韵江,刘立,高杰. 企业集团的价值创造与协同效应的实现机制[J]. 财经问题研究,2006(4):79—86.

[109] 孙大鹏,赵全超. 企业集团协同效应创造机制与战略并购经济条件研究[J]. 科技进步与对策,2007(6):94—96.

[110] Ansoff, H. I. Corporate Strategy, Revised edition, Penguin Books,1987.

[111] Prahalad, C. K. and Doz, Y. L. 评价企业间的相互依存关系//安德鲁·坎贝尔．战略协同[M]．北京：机械工业出版社，2000：138—157.

[112] Joseph L. Badaraco. 联盟管理//安德鲁·坎贝尔．战略协同[M]．北京：机械工业出版社，2000：260—282.

[113] Porter, M. E. Competitive Advantage, Free Press, NewYork, 1985, Chapter 11.

[114] Christopher J. Clorke&Kriron Brennan. 四分类组合分析法//安德鲁·坎贝尔．战略协同[M]．北京：机械工业出版社，2000：158—176.

[115] Sirower, Mark, L., The Synergy Trap: How Companies Lose the Acquisition Game? The Free Press, 1997.

[116] J. 弗雷德·维斯通等．兼并、重组与公司控制[M]．北京：经济科学出版社，1998.

[117] 李宽．全能银行与中国银行业未来[M]．北京：中国金融出版社，2006：74—81.

[118] 徐文彬．金融业混业经营的范围经济分析[M]．北京：经济科学出版社，2006：64—92.

[119] 周业安，韩梅．上市公司内部资本市场研究：以华联超市借壳上市为例分析//李克穆主编．中国公司财务案例[M]．北京：北京大学出版社，2006：129—143.

[120] 邵军．企业集团内部资本市场的功能与经济后果研究[M]．上海：立信会计出版社，2007.

[123] 郝勇，范君晖编著．系统工程方法与应用[M]．北京：科学出版社，2007：43—60.

[124] 赵涛．管理学常用方法[M]．天津：天津大学出版社，2006.

[125] 段秉乾．基于模糊层次分析法的产品创新风险评估模型[J]．同济大学学报（自然科学版），2008(7)：1003—1005.

[126] Christine M. Cumming, Beverly J. Hirtle. The Challenges of Risk Management in Diversified Financial Companies [J]. FRBNY Econamic Policy Review, 2001(3): 1—7.

[127] Kwan&Laderman. Capital Adequacy Regulation and Financial Conglomerate [R]. Finlands Banks, Discussion Paper, 2004.

[128] Luc Laeven&Ross Levine. Is There a Diversification Discount in

Financial Conglomerate[J]. Journal of Financial Economics, 2007(85):331—367.

[129] 凌晓东．多元化金融集团的监管:原则与方法[J]. 国际金融研究,1999(8).

[130] 王云帆．俘获者:德隆最后的600天[M]. 上海:上海文艺出版社,2006.

[131] Andrew Kuritzkes, Til Schuermann, Scott M. Weiner. Risk Measurement, Risk Management and Capital Adequacy in Financial Conglomerates. The Wharton Financial Institution Center, Working Paper, 2002.

[132] Iman Van Lelyveld&Arnold Schilder, Risk in Financial Conglomerates: Management and Sectors[M]. Draft Issues Paper, 2002.

[133] The Joint Forum, Supervisions of Financial Conglomerate [EB/OL],1999,http://www.bis.org.

[134] 刘春航,陈璐．银行集团的风险并表:风险计量及评估方法[J]. 国际金融研究,2009(2):88—96.

[135] Joshua Rosenberg, Til Schuermann. A General Approach to Integrated Risk Management with Skewed, Fat-tailed Risk[R], http://www.ny.frb.org, Working Paper,2004.

后　记

本书是在我的博士论文基础上进行整理、完善和深化而成的。它凝聚了我三年博士生涯的心血，也凝聚了我的导师，上海理工大学管理学院老师们的智慧与辛劳。

回首上海理工大学攻读博士学位的三年时光，感触颇多。有许多人给予我无私的帮助和鼓励，没有他们的支持，我不可能顺利完成学业和这篇论文。在此，我要给予他们我最衷心的感谢！

首先，衷心感谢我的导师——雷良海教授"亦师亦友"般的教导和关怀。导师为我授业解惑，为我排忧解难，为我提供精神上的鼓励和支持。整个学习期间和论文写作过程，无不凝聚了雷老师点点滴滴的心血和汗水。导师的为人和工作精神值得我永远学习，导师对问题的独到见解和敏锐的洞察力以及严谨的治学态度、宽以待人的人格魅力，不断鞭策我前进，将使我终身受益。

感谢上海理工大学的肖庆宪教授、严广乐教授、宋良荣教授、孙绍荣教授、田大纲教授、周石鹏教授以及管理学院的众多专家、学者三年来对我的教导。

在求学期间，得到了阜阳师范学院院长兰玉杰教授、阜阳师范学院副院长吴海涛教授、阜阳师范学院/经济与商业学院院长王海亭教授、朱剑峰教授、李昌宝博士、李应振博士以及经济学教研室、管理学教研室的全体同事对我工作和学习上的支持和帮助，在此表示我诚挚的谢意。

感谢上海理工大学顾能柱博士、赵岩博士、段广彬博士、鲁祥友博士、张晓宇博士以及李玲、汪翠荣、张国年、秦焕梅等博士同学在学习和生活上给予我的支持和帮助。三年来，我们共同学习、共同生活，一起在上海理工大学度过了这生命中宝贵的时光。同学之深厚友谊是我今生最大的财富。

感谢我的家人多年来对我的理解和支持。年迈的父母赐予了我太多的宽容和鼓励，让我体验到精神支柱的真谛；妻子罗玉影女士给了我无私的支持，在我读博士期间和她繁忙的工作之余，承担了几乎所有的家务，让我体验到并肩战斗的滋味；聪明可爱的女儿学习和业余爱好全面发展，以及她带有童趣的鞭策给了我莫大的安慰和幸福。

同时也感谢合肥工业大学出版社编辑们为本书顺利出版提供的大力支持和热情帮助。

此书是我博士论文的修改和补充，也是我学术生涯的起点。书中难免有许多不足及错漏、敬请各位师友、读者批评指正。

魏遥

2012 年 2 月于安徽阜阳